タイからカンボジアへ。最初の越境。「裏国境」はこんなにも閑散

リエルのほかにアメリカドルも使え　両替商（プノンペン）

メコンデルタにあるチャドックの街。
ベトナムの旅はここからはじまった

フォーを慌てて食べた顛末は本文を。
ベトナム人はとんでもない早食い民族だ

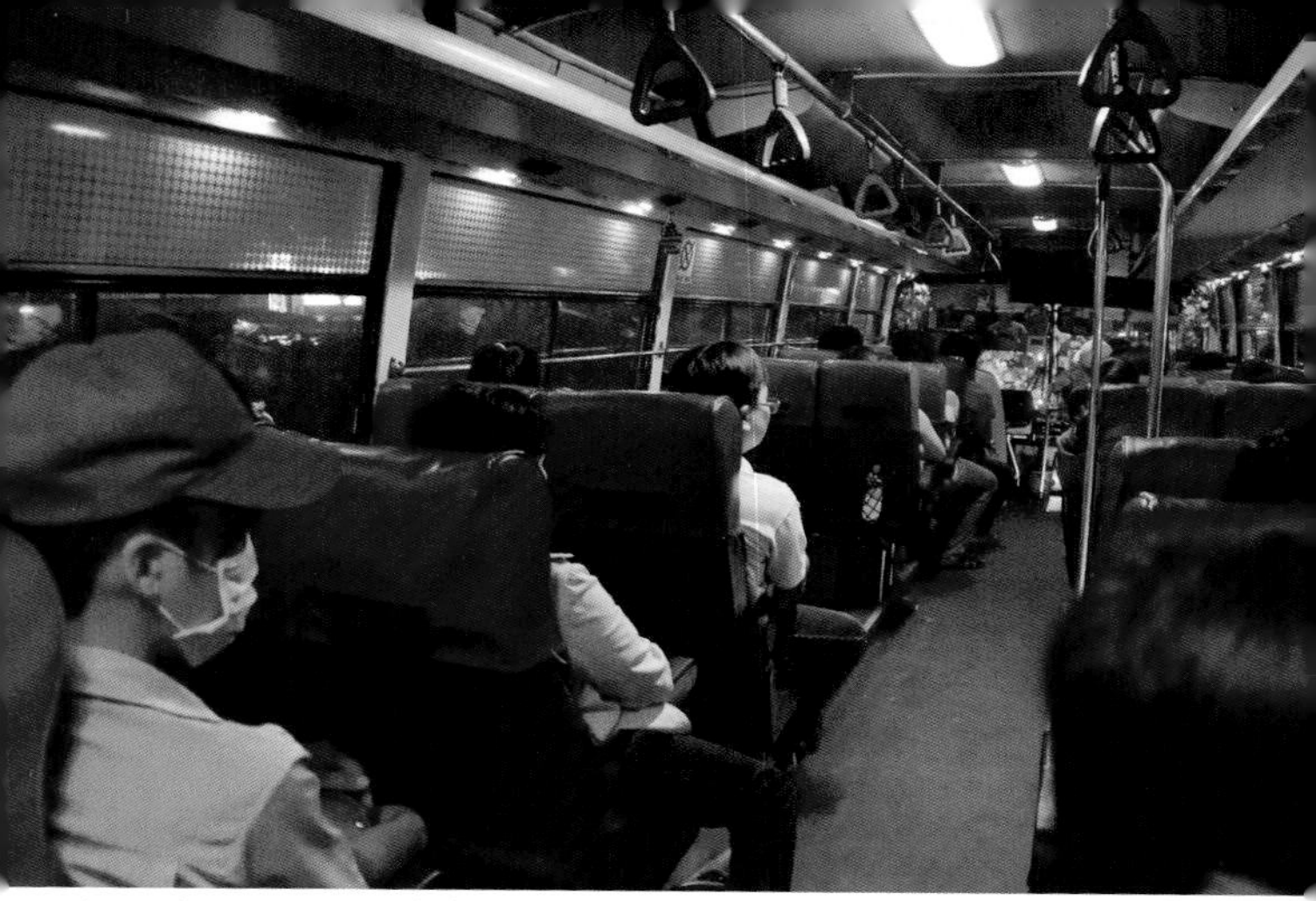

ホーチミンシティーの路線バスは、夕方からロックが響き、この照明。ア然

煙草のキャンペーンガール。買ってしまった。撮影NGだった？（ハノイ）

難民船ではありません。ごく普通の夜行バス（ハノイ～ディエンビエンフー）

ムアンクアと対岸の村を結ぶ吊り橋は最近、完成？　すごく揺れた（ラオス）

オウ川はこの船でくだった。殺されたイノシシとシカと一緒に（ラオス）

朝靄のなかに出現した火力発電プラント。ここはラオス？（ホンサー）

夕暮れのタチレク（ミャンマー）とメーサイ（タイ）。
この市街地の間に国境があるとは気づかない
（タチレクから）

チャイントン行きバス。日本を離れても、けなげに働いています（ミャンマー）

いつもうっとりしてしまう、湖畔に広がるチャイントン。覆う政治は汚いが

しょうがサラダはシャン料理の代表格。ミャンマー料理のお茶サラダより僕好み（ミャンマー・チャイントン）

これがミャンマー笑顔です。頬に塗ったタナカが可愛い？（ミャワディ）

僕らが乗ったバスが横転した。僧がその写真を撮りまくる。なぜ？（ミャンマー）

ミャンマー南端までの乗船切符は
この美人が売ってくれた。それも
60ドルという値段で（ダウェイ）

メルギー諸島は次々に絶景が現れる。
開発される前に行ったほうがいい
（ミャンマー）

肋骨が折れていることも知らず、
温泉で治そうとする極楽トンボ
（タイ・ラノーン）

「裏国境」突破 東南アジア一周大作戦

下川裕治

朝日文庫

本書は二〇一五年四月、新潮文庫より刊行された『「裏国境」突破 東南アジア一周大作戦』を加筆・修正したものです。肩書・年齢などは、新潮文庫版刊行当時のものです。

「裏国境」突破　東南アジア一周大作戦●目次

口絵写真・本文写真／阿部稔哉
地図／加賀美康彦

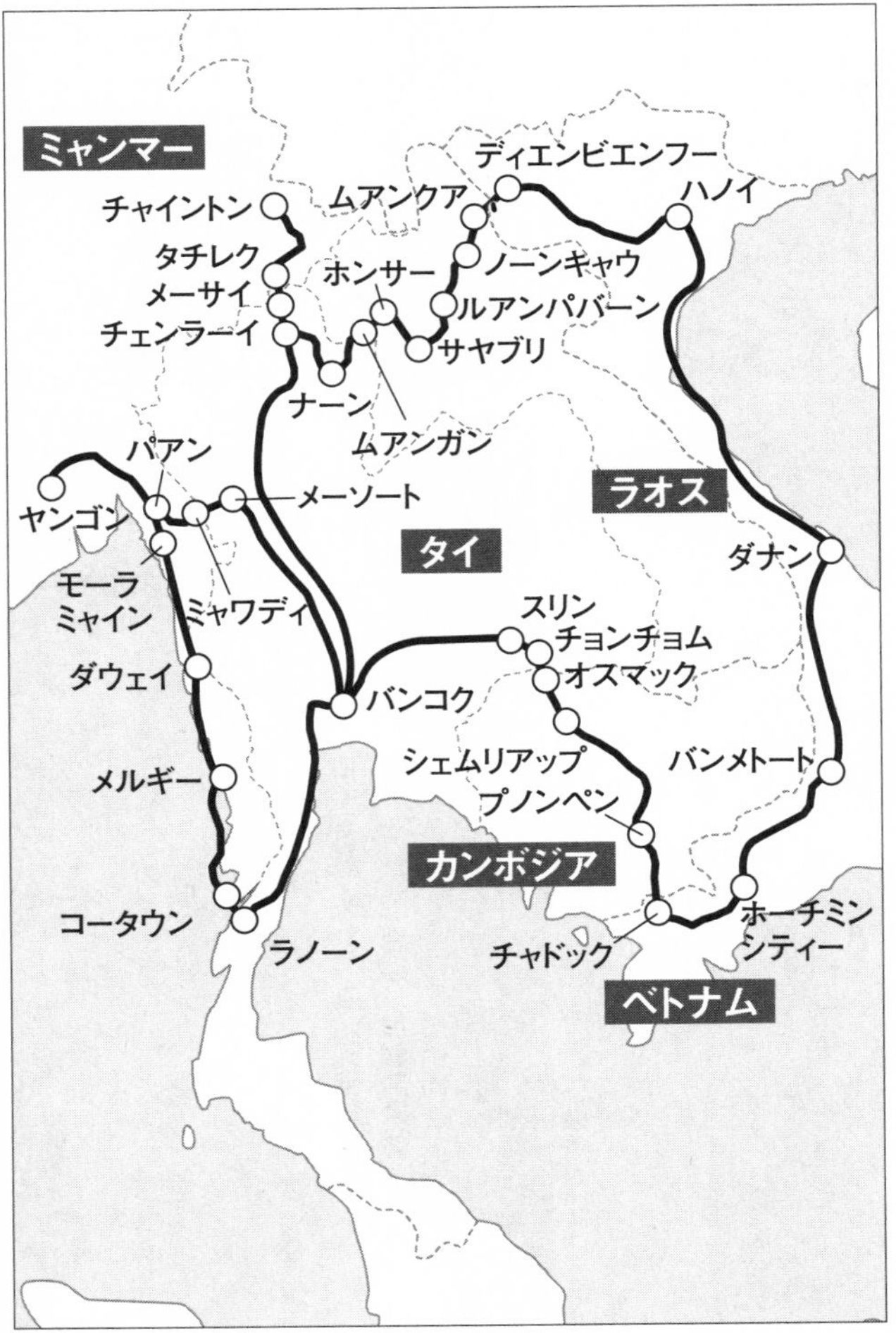

ミャンマー
チャイントン
タチレク
メーサイ
チェンラーイ
ムアンクア
ディエンビエンフー
ハノイ
ノーンキャウ
ホンサー
ルアンパバーン
サヤブリ
ナーン
ムアンガン
パアン
ヤンゴン
メーソート
ラオス
タイ
ダナン
モーラ
ミャイン
ミャワディ
スリン
チョンチョム
オスマック
ダウェイ
バンコク
シェムリアップ
バンメトート
メルギー
プノンペン
カンボジア
ホーチミン
シティー
コータウン
ラノーン
チャドック
ベトナム

「裏国境」突破　東南アジア一周大作戦

はじめに

本書は二〇一五年に新潮文庫から発刊された『「裏国境」突破　東南アジア一周大作戦』が原本にあたる。今回、改めて朝日文庫から刊行されることになった。二〇一三年から二〇一四年にかけて、「マイナーな国境」を通り、東南アジアをぐるりとまわった旅を描いている。

朝日文庫からの刊行が決まったとき、新型コロナウイルス感染症が、これほどの規模で世界に広がっていくことは考えてもみなかった。

感染症は人の移動で広がっていく。中世のヨーロッパで、全人口の三分の一が死亡したとされるペストも、中国からシルクロードを経由して伝わったといわれている。

シルクロードは東西の交易路として旅のロマンをかきたてるルートだ。天山山脈の雪が地下水になり、湧出した地点にできあがったオアシスを辿りながら続ける旅を、僕も何回か体験した。しかしこの道を伝ってペストが広がっていたと思うと、交易路の裏面史を聞いてしまったような気になる。

感染症の広がりに対して、人間は対応策を身につけつつある。それはまだまだ頼りないものかもしれないが。そのひとつが水際対策だ。つまり外国からの人の流入を制限し、感染していないことがわかった人だけ入国できるという方法だ。

そして東南アジアの国境は、次々に閉鎖されていってしまった。

通常、最初の刊行から年月がたっている場合、いまの様子を章末コラムなどで補完していくことが多い。今回もそのつもりだったが、新型コロナウイルスは、国境事情を一変させてしまった。

そのさなか、ミャンマーでクーデターが起きてしまう。新型コロナウイルス問題どころではなくなってしまった。東南アジアの国々は、隣国と接するエリアに少数民族が暮らしていることが多い。ミャンマーの場合、中央にいるビルマ族と少数民族の関係は必ずしもうまくいっていない。国境を開くという点では、新型コロナウイルス以上に難しい局面に陥っていく可能性が高い。

新型コロナウイルスは、やがて収束していく。それはウイルスの歴史をみれば、はっきりとわかる。そうなれば、本書の旅で僕が通った国境は、またその扉を開けてくれると思う。しかし政変はそうはいかない。

そもそもこの旅を思いついたのは、タイとミャンマーの間にある国境が次々に開いたことがきっかけだった。長く軍事政権が続いたミャンマーは民政化に移行した。国境というものは、そんな政治状況をみごとなほどに反映する。自由になった風のなかで国境のバーはあがっていくものなのだ。

本書を読んでもらえばわかるが、国境の話には、その周辺の歴史や、政治的な策動がしばしば登場する。そういう世界には深入りせず、のんびり旅をしたいタイプの人は敬遠しがちな内容かもしれない。しかしアジアの国境を語る上で触れないわけにはいかなかった。

僕の旅のフィールドはアジア、そのなかでも東南アジアが中心といってもいい。はじめて訪ねたときは、首都に飛行機で到着する入国手段しかなかった。しかし東西緊張の時代が終わり、国境を覆っていた氷が解けるように陸路の移動が可能になっていった。

僕が東南アジアを歩きはじめたのは四十年以上前になるが、その年月は、次々に陸路国境を通っての旅が実現していく時期と重なっている。そういう時代だった。僕は「国境好き」の旅人とよく話をするが、彼らの多くが、東南アジアの国境に吹いた自由の風を体感した人たちだった。

ミャンマーのクーデターは、そんな流れに逆行していた。コロナ禍が収まっても、国境が開く日を待ち続けないといけないのだろうか。

アジアの国境は、そんな状況に置かれてしまった。

章末のコラムは、この旅をした二〇一三年から二〇一四年以降の、東南アジア各国の政治や経済を軸に、その変化をまとめることにした。

二〇二一年六月

下川裕治

第1章　洪水酒場が出現？　タイからアンコールワットへ

ヤシの葉で屋根を葺《ふ》いたようなそば屋が、一軒ぐらいはあるような気がしていた。ロットゥーとタイ語で呼ばれる乗り合いバンを降り、周囲を見渡した。百メートルほど先に踏み切りの遮断機のようなバーが見える。あそこが国境だろう。道にはバイクにまたがった男や女が何人もいるのだが、その周りに雑貨屋ひとつなかった。

道路脇の斜面にテーブルが置かれ、その上に丼《どんぶり》が積んであった。シートを張った屋根らしきものもある。行ってみると、男たちがそこで自炊をしていた。国境の近くで道路工事でもしている男たちかもしれなかった。

しかたなく道路脇に積んであったブロックに腰かけ、鞄《かばん》のなかから、バンコクからのバスのなかでもらった朝食の入ったボックスをとりだした。クロワッサンの形をしたパン、甘い菓子、そしてオレンジジュース……。頰ばりながら、目の前を通るバイクや人を眺める。バーの脇を通ってわらわらやってくるから、皆、カンボジア人なのだろう。

国境のバーとその周囲にあるイミグレーションらしき建物がなければ、ただの道にすぎない。僕らが乗った乗り合いバンは、国境の手前、一キロほどのところにある巨大な市場の脇を通った。だだっ広い草原に小屋がけの建物がぎっしりと連なっていた。まだ朝が早く、品物は並べられていなかったが、目の前を通る人たちは、あの市場で働いているに違いなかった。

時計を見た。午前八時を少しまわっていた。タイとカンボジアの間に時差はない。おそらくこの国境は、午前八時に開くのだろう。

昔、この国境を訪ねたことがあった。一九九二年頃の話だ。当時、僕はバンコクに暮らしていた。日本のある月刊誌からの依頼を受け、タイとカンボジアの国境に出向いた。あの頃、タイとカンボジアの国境はひとつも通ることができなかった。カンボジアには、UNTACと略称で呼ばれた国連カンボジア暫定《ざんてい》統治機構の兵士が駐留していた。世界各国の兵隊で構成された混成部隊だった。

ポル・ポト派が支配するカンボジアにベトナムが侵攻した。その後、ポル・ポト派、シアヌーク派、ソン・サン派との間でカンボジアは内戦状態に陥る。やがてベトナム軍が撤退し、親ベトナムのフン・セン派と対抗三派の間で和平協定が結ばれ、国連カンボジア暫定統治機構のもとで総選挙が行われることになった。僕が訪ねたのは、そんな時期だった。

四派は和平協定は結んだものの、それぞれのつばぜり合いは続いていた。タイと国境を接するカンボジア西部は、ポル・ポト派の支配が続いていた。この一帯には、豊富な木材と宝石という資源があった。それらは国境を越えてタイにもちだされて換金され、ポル・ポト派の資金源になっていた。国連カンボジア暫定統治機構の任務のひとつは、この国境を閉鎖し、ポル・ポト派の資金を減らすことだった。

しかしカンボジアとタイの間の国境は長い。ポケットに入れてタイにもちだされる宝石の流れを止めることは大変だった。木材も国連軍の目を盗んでタイに運びだされているといわれていた。タイは表面上、国際協力を装って兵士を国連軍に送り込んでいたが、その一方で、国境での密貿易を見て見ぬふりをするというふたつの顔を使い分けているとも噂されていた。タイとポル・ポト派は、ベトナムに対抗するという点で利益が一致していたのだ。

宝石はカンボジア西部の、パイリンを中心にしたエリアの採掘量が多かった。これらはタイ東南部のトラート周辺にもちだされるといわれた。木材は東北タイのスリン県に運びだされるようだった。

そのスリン県エリアにあるのがこの国境だった。タイ側はチョンチョム、カンボジア側はオスマックと呼ばれていた。

密輸の現場を目撃できるなどとは思っていなかった。ただこの一帯の国境を見てみたかった。

僕がバンコクで暮らしていた家の近くに、警察官の官舎があった。そこに暮らす男たちとは、雑貨屋の前にある石づくりのテーブルで、だらだらとメコンというタイの安ウイスキーを飲み交わす仲だった。スリン県にある国境に行ってみたい……という話をすると、話はすぐにまとまった。

中年の警察官ふたりが、非番を利用して同行してくれることになった。タイの警察官が頼りにならないことは、それまでのバンコク暮らしで知っていた。しかしひとりで行くよりは、多少はいいだろう……と首を縦に振ると、ふたりのおじさん警官は意気があがったのか、友だちから借りた黒い自家用車のボディに、『POLICE』という大きな白いステッカーを貼って現れた。たしかにふたりは警官なのだが、パトカーでもない車に、そんなステッカーを貼っていいのだろうか。

バンコクからスリンまではひと晩かかる。夕方、バンコクを出発し、途中のナコーンラーチャシーマーで夕食をとったのだが、テーブルにつくなり、メコンウイスキーを一本注文したのだった。ふたりの警官は、「この店のナムプリックはうまいなぁ」などと上機嫌でがんがん酒を飲んでいく。ナムプリックは、タイ風の辛いディップである。これに揚げた魚や野菜をつけて食べるのだが、酒が進む料理だった。二、三杯はまあ……とは思いながらつきあっていたが、罎《びん》の酒が半分ぐらいになると、さすがに心配になってきた。そんな視線を感じたのか、おじさん警官のひとりが口を開いた。

「大丈夫。警察官はいくら酒を飲んで運転しても捕まらないから」

そういう問題ではないのだが……。

後でわかったことだが、このふたりは運転免許証ももっていなかった。不携帯という意味ではない。もともともっていないのだ。いまはどうかわからないが、当時、警察官は免許をとらなくてもいいようだった。そういう警官がパトカーも運転しているのかもしれなかった。

しかしなんとか早朝、車はスリンの街に着いた。ひとりの警官の実家がスリン郊外にあり、そこで仮眠をとった。

昼頃、僕らはのろのろと国境に向かった。途中の村で、地元の警察官がひとり乗り込んできた。彼は国境への道に詳しかった。やっと警察官らしい男に出会えた気がした。彼に連絡をしておいてくれたのはおじさん警官ふたり組だった。

「あのあたりだよ」

乗り込んできた警察官が前方を指さした。こんもりとした森が見えた。あのなかに国境があるのだろうか。

道は未舗装だったが、拡張工事が進んでいた。横では資材置き場になりそうなスペースの造成のまっ最中だった。

それとなく地元の警察官に訊《き》いてみる。

「そうだよ。ここが材木でいっぱいになるって話だ。バンコクの木材業者が何社もスリンにオフィスをつくっているしね」

「でも国境は閉まってるんでしょ」

「道は何本もある」

あっけらかんとした話しぶりに戸惑ってしまった。世界に流れている情報では、国連軍がすべての国境を閉鎖していることになっていた。それがカンボジアに平和をもたらすと説明されていた。しかしタイ国境には別の文脈が流れているようだった。警察官の話では、マレーシアの木材業者も入り込んできているという。戦乱に明け暮れた国は産業が停滞する。豊かな自然が、流れる血や土に還《かえ》る死体を養分にするかのように育《はぐく》まれていく。そんな話を、傭兵として雇われて戦地に向かう日本人から聞いたこともあった。彼はその眺めを懐かしむかのように、「戦場の自然は、うっとりするほどきれいなんだよ」などというのだった。それは歴史の皮肉でもあるのだが、みごとに育った木材は業者の瞳をも輝かせてしまうようだった。

「このへんまでかな」

地元の警察官の声で車は停まった。ここからは歩くしかないという。しばらく進むと、

「木材？」

尾瀬にあるような木道になった。周囲には地雷が埋められているため、こういうことになったようだった。列をつくって木道を進んだ。十分ほど歩いただろうか。林のなかに、ぽっかりとキャンプ地のような空地が現れた。妙に赤っぽいラテライトが剝《む》き出しになっていた。

その先のほうに、長い材木を渡しただけの車止めが見えた。そこが国境だった。周囲には誰もいなかった。警察官の後をついて、国境まで行ってみた。小さな小屋があり、そこに缶入りのコーラやファンタが並べられていた。誰ひとり通過する人がいないはずの国境で、商売が成りたつのか不思議だった。カンボジア側には木造の家があり、その前に吊《つ》るされたハンモックで、ひとりの兵士が寝込んでいた。

「ここにはバングラデシュの兵士が配備されているんだよ。なにもすることなんてないんだ。これで彼らは一カ月千ドルもの給料をもらえるらしい。国連からね。俺が代わりたいぐらいだよ」

地元の警察官の笑い声が響いた。

静かだった。

鳥の声しか聞こえなかった。

あれから二十年の年月が流れていた。空地だった場所に僕らは立っていた。幅の広い舗装路がかつての地雷原につくられていた。カンボジアは内戦状態を脱し、ずいぶん景気のいい話も聞こえてくる。

周辺に住む人たちの行き来が許されたのはだいぶ前だろうが、外国人も通ることができるようになってから、そう長い年月が経っていなかった。外国人がタイからカンボジアに向かうときは、アランヤプラテートからポイペトに抜けるルートが一般的だった。越境する人は多く、午後になると、カンボジア側の入国審査場の前には百人を超える列ができた。通過するのに二時間以上かかることもあった。

しかしスリン県からカンボジアに向かう外国人はひとりもいないようだった。目の前にいるのはカンボジア人だけなのだ。

「行こうか」

阿部稔哉《としや》カメラマンに声をかけた。

裏ともいえるマイナーな国境を通過していく旅——。アジアの地図を広げながら、いくつかの越境ポイントをボールペンで辿ってみたのは、二〇一三年の夏のことだった。きっかけは、このチョンチョムとオスマックの国境ではなかった。タイの西側、ミャンマーとの国境だった。アジアの国境の多くが外国人に開放されていた。ビザなどの手続きが煩雑《はんざつ》な国境もあったが、閉ざされているわけではなかった。しかし中東を除いたアジアを見ると、ミャンマーだけが陸路の国境を通過することができなかった。厳密にいうと、タイと接するいくつかの国境は開いているのだが、一日で同じ国境に戻ってこなくてはならないところが多かった。たとえば、タイ側のメーソートとミャンマーのミャワディの間の国境である。その間を流れるモエイ川に架かる橋を渡り、パスポートを預ければ、ビザをとらなくてもミャワディの街に入ることはできた。しかし行っていいのは、国境から三キロほど先までだった。そしてミャワディに泊まることはできず、国境が閉まる時刻までに、タイに戻らなくてはならなかった。

タイ最北端のメーサイからミャンマーのタチレクに入る国境は、少しルールが違った。ビザをもっていれば、その先のチャイントンまで行くことができた。チャイントンに宿泊することも可能だった。しかし、その先へは進めず、タチレクに戻り、メーサイからタイに帰ってこなければいけなかった。

タイとミャンマーの国境は、開いてはいるのだが、ミャンマー側を少し見て、再びタイに戻ってくることが原則だったのだ。

しかし民主化が進むミャンマーは、国境を開放した。外国人でも、ビザをもっていればほかの国の国境と同じように通過することができるようになった。

この話を耳にしたとき、ミャンマーの西側、つまりバングラデシュとの国境に心が動いた。もし、バングラデシュとの国境も開放されれば、タイからミャンマーを通過し、バングラデシュに抜けることができる。

それは画期的なことだった。日本からヨーロッパまで、陸路の旅は、ロシアと中央アジア、中国西端のカシュガルから南下してパキスタンに抜け、イラン、トルコを通過するという三つのルートがあった。そこにタイからミャンマー、バングラデシュ、インド、パキスタンというコースが加わることになる。上海《シャンハイ》からベトナム、カンボジアを通ってタイ、そこから西へ、西へと進むことが可能になるのだ。

しかしミャンマーの民主化はそこまで進んではいなかった。いや、ミャンマー西部では、ラカインとロヒンギャという少数民族同士の対立が続いていた。国境の開放どころではない可能性があった。

しかしタイとミャンマーの国境が開いただけでも、アジアの陸路旅のルートはかなり広がった。たとえばタイ北端のメーサイからタチレクに入り、そこからチャイントン、タウンジー、ヤンゴン、ダウェイ、コータウンと南下し、タイのラノーンに抜けるという陸路旅も可能ということになる。実際はそううまくはいかないことは、本書の後半でお話しすることになるのだが、地図上の勝手な旅はかなり広がったのである。

タイをスタートし、カンボジア、ベトナム、ラオス、そして、タイに戻ってミャンマーをぐるりとまわる旅……いってみれば、インドシナ半島をぐるっとまわるルートを深夜、地図を開いて思い描いてみるのだった。

それぞれの国は何回も訪ねているが、タイのバンコクを扇の要《かなめ》にして、半円形を描くように進む旅ははじめてだった。

越えてみたい国境がいくつかあった。昔から、国境が好きだった。『雨ニモマケズ』ではないが、「東に開いた国境があれば駆けつけ、西の国境が通過できると聞けばバスに乗り……」という旅を繰り返してもきた。どこか国境オタクの血が入っているのではないかと自分で思うことすらある。

東南アジアの国境は、次々に外国人にも開放されていた。

「通過できるようになって年月の経っていない国境を通って東南アジアをぐるっとまわってみようと思ってるんです」

高田馬場のミャンマー料理屋で、壁に貼ってある地図に目をやりながら、担当の編集者に伝えてみる。

「その旅って、トラブルがあります？」

「ト、トラブル？　きっとあるでしょ。アジアの国境には、魔物が住んでいますから」

これまで国境のバーの手前で追い返された何回かのシーンが蘇《よみがえ》ってくる。賄賂《わいろ》の要求は裏国境の隠し味でもある。その魔の手をどうかいくぐっていくか……。

強い太陽が照りつける国境の風景を思いだしながら、うまそうにビールを飲む編集者の顔をのぞき見る。

トラブル？

トラブルがなければ本にならないというのだろうか。編集者というものは、昔から冷酷非道な存在だとは思っていたが、そこまではっきりといわれると言葉につまる。

誰しもトラブルなどなしに旅を続けたい。それは僕も変わりはない。トラブルを避けて通りたいと神に祈るようにして旅を続けるのだが、どうしたものか、僕の身には降りかかってきてしまうのである。それを運命だと思って受け入れなさい。それが旅を書いて生きてきた男の業《ごう》のようなものだと、編集者は諭《さと》しているのだろうか。

チョンチョムとオスマックの国境が、最初の通過ポイントになったのは、そんないきさつがあってのことだった。一九九〇年代には通り抜けることなど、考えられない国境だった。いや、本当に通過できるのか……僕が東京で手にできたのはあやふやな情報だけだった。

国境というものは、そういうものだった。首都にある政府の役所に赴いても信頼できる情報はもらえず、なんとかなるだろう……と出かけ、追い返されてしまう国境もある。それがアジアの国境というものでもあった。

そしていま、最初の国境が目の前にあった。

前夜、バンコクの北バスターミナルにいた。二〇一三年の十月のことである。タイの

バンコクの北バスターミナル。巨大化し、昔ののどかさは消えてしまった。とくに夜は

雨季も終盤にさしかかる時期だった。スリン行きの夜行バスは何本かあったが、夜の十一時発の便を選んだ。バスターミナルに着いたのは九時すぎだった。二階の食堂で夕食をとった。ブースでクーポンを買い、テーブル席の周りにある店で料理を受けとるスタイルである。日本人の間ではクーポン食堂と呼ばれる形式だった。北バスターミナルからは、東北タイや北部タイに向けて出発する長距離バスが多く、僕もしばしば利用する。食事どきにあたると、このクーポン食堂に入るのだが、食べ終わった後でいつも後悔する。

「どうしてこんなにもまずいのだろうか」

バンコク市内には数多くのクーポン食

堂がある。ショッピングモールでは必ずといっていいほど広いスペースを占めている。料金が安いから、僕もよく利用する。店によって差はあるが、味やメニューはそれなりに工夫されている。競争があるのだろう。しかし北バスターミナルのそれは、どの店もまずいのだ。手抜きといってもいい。テーブルも閑散としている。座るタイ人の顔もどこかさえなかった。

漂ってくるのはバンコクという街の底辺に澱《おり》のように溜《た》まった生活の苦しさだった。格差社会のにおいといってもいい。タイも国内線の飛行機網が広まり、中産階層は空路を使う人が増えている。そのほとんどがＬＣＣと呼ばれる格安航空会社だが、いくら格安といっても、バス運賃の十倍近くはする。長距離バスを使うのは、高度成長に乗ることができなかった人や若者たちである。ターミナルに飛び交う言葉はつっけんどんで、流れる空気は寒々しい。ゴミ箱の周りには煙草《たばこ》の喫《す》い殻が散乱し、その脇では中年のおばさんがカップ麺を啜《すす》っていたりする。

数年前まで、北バスターミナルを埋めるタイ人たちの瞳は、もう少し輝いていた気がする。久しぶりに故郷に帰る若者の顔には無邪気さがあった。中年のおばさんやおじさんの顔つきはもう少し穏やかだった。いまは瞳の底に、都会の澱のようなものがべったりとくっつき、精彩が薄れてきた。二の腕に刺青《いれずみ》を彫った女性から受けとったぶっかけ飯のまずさと、都会の底辺に暮らす人々の諦《あきら》めが、妙にシンクロしてしまうのである。

スリンまでのバス代に含まれた軽食。最近はおじさん職員が配ってくれることが多い。昔は若い女性だったが

出発の十分前にバスが入線した。乗客は全員が二階という背の高いバスだった。

預けた荷物のなかにサンダルを入れていた。安宿に泊まるとき、サンダルは重宝するのでもち歩くことが多いのだが、今回は、バスが到着するスリンの街で必要かもしれなかった。

バンコクを発つ前、スリンに行くと知人にいうと、皆、一様に膝上《ひざうえ》のところを指で示した。これはタイ人とカンボジア人に共通したひとつの合図だった。ここまでだぞ、といっているのだ。ここ？　そう、そこが水位だった。街が洪水に見舞われていることを、指と体で伝えてくれるのだ。これが不思議というか、いい加減さというか……という話なのだが、彼らが示す水位はアバウトだった。仮に水位が膝下であっても、膝上を示すのだ。しかし水位が踝《くるぶし》程度だと、彼らの手は動かない。それは洪水ではない、と思っているような節がある。洪水であることはたしかなのだが。

洪水か洪水ではないか――。この区別はバイクではないかと思っている。バイクという乗り物は、実に東南アジア的な要素を備えていると思う。設計者はアジアで売ることを考えたわけではないと思うのだが、エンジンの排気口が斜め上を向いていて、かなり高いところに位置しているのだ。だから、十センチや二十センチの洪水でも、問題なく走ることができる。つまり、バイクが走ることが難しいほど水位があがると……それが洪水になるような気がする。

そもそも日本人と東南アジアの人々の間では、洪水というものへの認識が違う。険しい山間《やまあい》を流れくだる日本の川は、その傾斜が急だ。豪雨に見舞われると山間部では鉄砲水が起きる。平野部の流れも一気に水量が増し、堤防が決壊すると、大量の水が住宅地に流れ込んでくる。豪雨から洪水までの時間が短い。性急な洪水なのだ。日本人は洪水と聞くと、慌《あわ》てて避難しなくてはならないと思う。しかし水が引いていくのも速く、一日か二日で、洪水は嘘のように消えていってしまう。

東南アジア、とくにタイやカンボジアの洪水は、その時間感覚が違う。ヒマラヤやそこに続く山塊から流れでる東南アジアの川はどれも大河だ。平野部に出てからも、とにかく長い。ゆっくりと、ゆっくりとくだってくる。なにか大きな水の塊が時間をかけて降りてくる感じなのだ。二〇一一年、バンコクに大規模な洪水が迫った。タイを流れくだるチャオプラヤー川の中流で洪水が起きたのは九月初旬のことだった。その水がアユタヤに流れ込んだのが九月下旬だった。周辺の工業団地が水没し、大きな被害をもたらした。バンコクの人たちの間でも、「今年はくるぞ」という会話がしきりと交わされはじめた。日本人なら、避難を考えるところかもしれないが、話が色めくばかりで、彼らは土のうひとつ用意しようとはしなかった。

アユタヤからバンコクまでは約八十キロある。アユタヤを覆《おお》った水が、ゆっくりと南下し、バンコクの北端に辿り着いたのは十月中旬から下旬だった。水は一日三〜五キロほどのスピードでくだってきたわけだ。その頃になってバンコクの人々はようやく重い腰をあげ、土のうを置いたり、店の前にブロックを積みはじめた。バンコクに張りめぐらされた運河が功を奏したのか、市街地は水没を免《まぬか》れたが、なんだか気が抜けるような速度で、その年の洪水は終わったのだった。

だが、終わったといっても、それは十二月に入っての話だった。これだけゆっくり洪水が進むということは、一度、水が入ると一カ月近く水が引かないことになる。アユタヤの工場も一カ月以上、湖のなかに建物がとり残されたような状態だった。工場の被害は甚大《じんだい》だった。バンコク北部に住む人々は大挙して避難した。

避難──。昔のタイの暮らしでは考えられないことだった。かつてタイの家の多くは高床式だった。東南アジアの風土が生んだ家で、このエリアの洪水にも強かった。一階部分は柱で、居住部分が二階というつくりは、一、二メートルの深さの洪水があっても、普通に暮らすことができた。時間をかけて水は動いていくから、洪水はいたって静かだった。家には小さな木舟があり、子供たちは父親が漕《こ》ぐ舟で学校に通い、奥さんは舟を操って市場に買い物に出かけた。こういった暮らしぶりを目にした、ヨーロッパの社会学者は、「親水の人々」という形容詞で表現した。

そんな高床式の家の暮らしを変えていったのは、車やバイクだったかもしれない。高床式の家は、木製の階段をあがらなければいけなかった。バイクを押しあげるのは難しかった。車は一階に置くしかなかった。

高床式の一階部分は、農機具を置いたり、ハンモックを吊るして昼寝スペースに使われたりしていたが、考えてみれば駐車場にも最適だった。一階には値の張るものが次々に置かれるようになっていく。それは生活の豊かさの証《あかし》でもあったのだが、同時に盗難への心配も頭をもたげてきてしまう。柱だけだった一階部分は、しだいに壁で覆われるようになっていく。こうなると外観は普通の家である。

三、四十年ほど前から郊外住宅としてブームになったタウンハウス形式の家は、はじめから高床式ではなかった。タイに出現してきた中間層を狙ったこの種の家は、価格を抑えるために一階と二階を居住スペースに使うスタイルだった。

バンコク北部に流れ込んだ水は、郊外の新興住宅地の一階部分を水没させてしまった。浸水がゆっくりだから、家財道具を二階にあげる時間的な余裕はあった。しかし水没した家で、しばしば漏電や感電事故が起きてしまった。タイ人お得意の配電工事の杜撰《ずさん》さが、こんなところで顔をのぞかせてしまったのだ。そこでバンコク市は、浸水した住宅地一帯の電気を停めることにした。安全上はしかたのないことだったかもしれないが、そこで住民は手前勝手な苦情を口にする。

「電気が停まるってことは、クーラーが使えないってことじゃないか」

「冷蔵庫もダメだから、冷たいコーラも飲めないぞ」

バンコクは一年中、暑い土地である。十月といっても、日中の気温は軽く三十度を超える。だから水害よりもエアコンやコーラ……そのあたりがタイ人らしかったが、彼らはそのために避難を決めてしまうのだった。

自分たちの生活が豊かになったことの代償という問題を棚にあげて、洪水ばかりをやり玉にあげるのだった。

その洪水がスリンを襲っているという話だった。スリンはバンコクの東北、約三三〇キロほどのところにある。バスで向かうと、カオヤイの山を越えることになる。それほどの高度はないのだが、この山脈が分水嶺《ぶんすいれい》になっている。チャオプラヤー川水系を離れ、メコン川の水系に入っていくことになる。スリンの洪水は、メコン川の増水とリンクしていた。バンコクにいるタイ人たちは、膝上までの洪水だといったが、そこまで浸水していたらバスが走らないような気がした。

「街が浸水していたとしても、たぶん踝ぐらいまでじゃないかな」

バスのなかで阿部氏と話した。それなら大丈夫だった。サンダルに履き替え、ズボンの裾《すそ》をたくしあげれば道を歩くことができる。

僕らの席は、最前部だった。広いフロントガラス越しにバンコクの夜景を見渡すことができる。見晴らしはいいのだが、橙色《だいだいいろ》の街灯が勢いよく頭の上を通りすぎていく。眩《まぶ》しくて、あまり眠れそうもない。

「最前列の席はやめたほうがいいかもしれない」

これからいったい何回、夜行バスに乗るのだろうか。自分で決めたルートとはいえ、どこか気が滅入《めい》る思いがするのだった。

それでも寝入ってしまった。なにかと文句をいうわりに、バスのなかでは、ことりと舟を漕いでしまうのだ。『12万円で世界を歩く』（朝日文庫）という貧乏旅行が僕の旅の本のデビュー作である。その旅でも、思いだしたくないほど夜行バスに乗った。それ以来、僕の旅は夜行バスとは切っても切れない関係にある。百夜いや二百夜……バスの狭い座席の上で夜をすごしている。激しく揺れる車内で、眠ることができるから、貧しい旅を続けられたのか……バス旅を重ねたあげくにバスで眠ることができる体質になってしまったのか……そんなことは考えたくもないのだが、やはり寝てしまうのである。

　この話をすると、自分で切なくなってしまうので、あまり紹介はしないのだが、バス車内睡眠グッズももっている。それは黒いヤッケだった。アジアの夜行バスは冷房がきついことが多い。寒さ対策のために持参したのだが、そのヤッケに思わぬ使い道があった。それはフードだった。それをすっぽり被《かぶ》ってしまうのである。夜行バスといっても室内灯をつけたまま走ることもある。カーテンのないバスは、街灯や対向車の灯が視界に入る。そんなとき、アイマスクをつける人がいるが、僕はどうも好きになれない。目のあたりが圧迫され、うまく眠ることができないのだ。その点、フードは優れものだと思う。深く被ればすっぽりと目を隠すことができる。圧迫感もない。そのためには、少し大きめなフードがついていることが大切である。ヤッケを買うときは、フードを被ってたしかめるようになってしまった。

　スリンに向かうバスでもフードを被った。椅子はクッションが効いていて、背もかなり後ろに傾くから、そこそこ眠ることはできた。足の置き場に困り、途中、何回か目を開いた記憶があるが、目を覚ますと、バスは靄《もや》のなかを走っていた。目を凝らすと、道端を茜色《あかねいろ》の僧衣をまとった托鉢《たくはつ》僧が歩いていた。時計を見ると六時少し前だった。

　水はなかった。

目を覚ましていた阿部カメラマンに目配せした。僧が歩く道は乾いている。しかしだからといって、スリンの街の道が冠水していないとはかぎらなかった。東南アジアの洪水は思わぬところが浸水する。川や土地の標高以外に、水路や運河も影響する。バンコクの人たちは、洪水の様子をテレビを通して見ているはずで、スリン県のどこかが膝上まで冠水していることは間違いなかった。

そこから三十分ほどでスリンのバスターミナルに着いた。商店の前には一メートルほどの高さまで土のうが積みあげられていたが、市街地まで水は達していなかった。サンダルをザックから出さなくてもよさそうだった。

国境までの行き方はわからなかった。スリン市街から国境のチョンチョムまでは七十キロほどだった。タイのことだから、なにかしらの交通手段はあるはずだった。最悪、バスターミナル近くで暇そうに煙草を喫っている男に声をかければ、その場でタクシー運転手に変身してくれる。車がなくても、知りあいから借りるはずだった。

バスターミナルのホームでそんなことを考えていると、バス乗り場の脇にあるブースが目に留まった。そこがロットゥーといわれる乗り合いバンの発券場だった。試しに、チョンチョム行きはあるのか訊いてみた。

「あと五分で発車します。運賃はひとり六十バーツ」

「はッ?」

つい発券ブースのなかにいるおばさんを見てしまった。タイはこんなにも便利な国に

スリン市内の店や家は、どこも入口に土のうを積んでいた。洪水が迫っている。僕らは運がよかった

なっていたのか……。

ロットゥーという乗り物は、ここ十年ほどの間に、一気に広まった。大型バス路線を補完するようにはじまったのだが、満席になったらどんどん発車するという機動性と、目的地に直行する速さが魅力だった。自然発生的に生まれた交通手段だから、認可外のグレーゾーンで運行するため、事故が起きると厄介だと聞いたこともある。しかし高度経済成長の勢いは、少々の危険を凌駕《りょうが》してしまうようなところがある。路線網は日増しに充実し、いまではバンコク発ビエンチャン行きなどという長距離ロットゥーまで登場している。

しかし大型路線バスとは一線を画そうとしているのか、商売敵からの嫌がらせなのか、バンコクの北バスターミナルには乗り入れることができず、近くの路上をターミナルとして使っていた。だが地方のバスターミナルは違うようだった。完全に公共交通という市民権を得たような顔で乗り入れ、発券ブースまでつくられていた。

ロットゥーは予定の時刻に発車した。道は乾き、いったいどこが洪水なのだろうと、あたりを眺めているうちに国境に着いてしまった。

タイの出国審査はバーの左側の建物で行われた。カンボジア人はバイクに乗ったままパスを見せるだけで通過してしまう。その建物の前に立ったのは、僕と阿部カメラマンだけだった。外国人は誰もいないのだ。パスポートを差しだし、職員の反応を見る。タイを出国できることはわかっていたが、もし、カンボジアに入国できないのなら、そういってくれるはずだった。これまでも何回か、そんな国境に出合っていた。

国境を通過するということは、なかなかひと筋縄ではいかないところがあった。公式には開放されていても、そのときの政治状況にも左右された。賄賂ほしさに、越境を拒む職員もいた。魔物が棲《す》む場所だった。

しかしタイ側の職員は、なにもいわずにスタンプをぽんと捺《お》してくれた。カンボジアに入国できるような予感がした。そこからカンボジア側のイミグレーションまでとぼとぼ歩く。二百メートルほどの距離があっただろうか。やはりバーの左側に建物があり、その窓口にいた職員からビザの申請用紙を受けとった。

カンボジアは国境や空港で入国ビザを受けとることができる。入国審査はその先だった。

すでにお話ししたが、タイからカンボジアに陸路で向かうとき、多くの人が通過するのが、アランヤプラテートからポイペトに抜ける国境だった。バンコクを朝に出発したバスやロットゥー、列車は昼頃、続々とアランヤプラテートに着く。乗客の大半はカンボジアに向かうから、入国審査場の前には長い列ができ、ときに二時間も待つほど混みあう国境だった。

この国境にはビザ詐欺《さぎ》もどきの魔物が潜んでいた。アランヤプラテートの駅やバスターミナルからトゥクトゥクやバイクに乗って国境に向かうと、必ず連れていかれるビザオフィスがあった。国境の手前、つまりタイ領にあるのだが、きちんとした建物で、一見、カンボジア政府の出先機関のように映る。サービスもいい。わかりやすい英語で説明してくれる。「英語うまいですね。とても日本人には思えない」などとお世辞もいってくれる。実はこのあたりでぴんとこないといけないのだが、ビザ代が九百バーツなどという。約二千八百円である。受けとるビザに問題はないのだが、その料金が高い。

実はタイ側のイミグレーションを通った先に、カンボジア政府の正式なビザオフィスがある。そこでビザをとると二十ドル、二千円ほどなのだ。タイ側にあるビザオフィスは、民間業者にすぎないのだ。タイ側のトゥクトゥクやバイクタクシーの運転手は、このオフィスに連れていくだけで、いくばくかのキックバックがもらえるシステムである。

はじめてこの国境を通過したとき、しっかりとぼられてしまった。二回目に越境したときは、このオフィスには立ち寄らなかった。バイクタクシーのドライバーは、このオフィスに向かおうとしたが、

「タイのイミグレーション前まで行ってくれ」

とやや強い口調でいった。ドライバーは渋々従ったが、降りたところにイミグレーションの職員らしき男が立っていた。パスポートの提示を求められた。彼はぱらぱらとめくって口を開いた。

「カンボジアのビザがない」

「タイのイミグレーションを通った先にビザオフィスがあるでしょ」

「あそこじゃとれないよ」

「とれるって聞きましたけど」

男は諦め顔でパスポートを返してくれた。しかし不安だった。男が職員を装ったぼったくりグループのひとりならいいのだが、本当にビザがとれないとすれば、タイを出国した後だけにややこしいことになってしまうのだ。自分の得た情報を信じるしかなかった。

タイ側のイミグレーションの先にあるビザオフィスは普通に窓口が開いていた。僕は

国境のタイ側。越境通勤や物資を運ぶカンボジア人が多い。国境は金儲けの場所。これはアジアの不文律

そこで二十ドルでビザをとることができたのだが、後日、同じ国境を通った青年からこんなことを訊かれた。

「ビザ代は二十ドルだったんですが、手数料とかで三百バーツとられました。あの三百バーツってなんですか」

「手数料？」

すべてがつながっていたのだ。タイ側の民間ビザオフィス、そしてバイクを降りたところにいた男、そしてカンボジア政府のビザオフィス。彼らは二十ドルではどうしても納得できないようだった。正価の代金でビザを発給してしまっては、自分たちのポケットに入る金がないのだ。二十ドルに三百バーツをプラスすると二千九百円ほどになる。タイ側の民間業者のオフィスでのビザ代と同じぐらいになる。

僕のように、なにを考えているのかわからないようなおじさん旅行者はカモにせず、若い素直そうな青年を狙うあたりも、実に狡猾《こうかつ》だった。アランヤプラテートとポイペトの国境には、そんな蜘蛛《くも》の巣が張りめぐらされていた。僕はこれまで、百以上の陸路国境を通ってきたが、中央アジアのトルクメニスタンで体験した入国の難しさに匹敵するほどのポイントがこの国境のように思うのだ。ひとつのトラップをうまくすり抜けても、次が待っているのだ。

僕らがいま、通過しようとしている国境も、注意しなければいけなかった。ほかの猫の縄張りで餌《えさ》にありついた野良猫のように、周囲に気を配りながらビザを受けとらなくてはならなかった。

「二十ドル」

ビザオフィスの職員はそういった。「よし」と心のなかで呟《つぶや》く。この職員は姑息《こそく》な賄賂を要求しないかもしれない。僕はパスポートに申請用紙と写真を一枚挟んで差しだした。

横にいた阿部カメラマンの短い、「あッ」という声が聞こえた。

「いけない。写真、忘れました」

瞬間、「これはやられる」と思った。イミグレーションでは、相手がなにも指摘できないように書類をそろえることが鉄則なのだ。なにかの不備があると付け込まれる……。阿部氏がなかに呼ばれた。これは通常、賄賂の流れである。人前で金を受けとることを彼らも隠そうとする。

ところが阿部氏は、僕から見える椅子に座らされた。職員は胸ポケットからスマホをとりだした。カシャというシャッター音が響き、阿部氏は外に出てきた。

「これでいいんだろうか」

一瞬、日本語が口をついて出てしまった。スマホは私物のはずである。まあ、記録には残るのだが、ビザ申請用紙に貼る写真とは意味が違う。撮った写真をプリントして、申請用紙に貼るとはとても思えなかった。

なんだか気が抜けるほど杜撰なイミグレーションだった。しかしそこは、名にし負うカンボジアの職員である。

「じゃあ、百バーツ」

写真を忘れた時点で、十ドルぐらいは覚悟していた。タイバーツにして三百五十バーツほどだろうか。色をつけて五百バーツぐらいは吹っかけてくるかもしれないとも思っていた。それが百バーツというのは、良心的なほうだろうか。それがマイナー国境というものかもしれなかった。裏金が飛び交うメジャー国境とは違うのである。

カンボジア側のオスマックは、タイ側より少し賑《にぎ》やかだった。バーを越えると、そこには道に沿って数軒の小屋がけの店が並んでいた。その奥には三軒のカジノが建っていた。国境にはカジノをつくることがカンボジアでは当然のことになっていた。以前、カンボジアのパイリンの町を訪ねたことがあった。この町もタイと接していた。当時、この国境を外国人は通ることができなかった。しかしすでにカジノはできあがっていた。カジノで遊ぶタイ人だけは越境が許されていた。カジノは高度経済成長で生まれたタイの富の一部をカンボジアに送り込む装置のようだった。

オスマックからアンコールワットのあるシェムリアップに向かうつもりだった。しかし売店で何人かに訊いたのだがバスはなかった。カンボジア側のイミグレーションからまとわりついてくる若いタクシー運転手がいた。彼もバスがないことを繰り返し口にし、六十ドルでどう?と何度も囁《ささや》いてきていた。バス便がないことは本当のようだった。

これがマイナー国境を通過するつらさだった。やってくる外国人がほとんどいないのだ。越境する人が多いアランヤプラテートからポイペトの国境は選択肢も多かった。バスや相乗りタクシーが客を待ち構えていた。そこにも一ドルでも多くの金をせしめようとするカラクリが二重、三重に張りめぐらされているのだが、そこをうまくかいくぐれば、ひとり六ドル程度で相乗りタクシーに乗ることもできた。しかしバスもなく、通過する外国人もほとんどいないとなると、タクシー運転手に主導権を握られてしまうのである。シェムリアップまでは二百キロほどだという。そこを走るタクシーの相場もわか

カンボジアに入国すると、目の前にカジノ。営業している？　マイナー国境のカジノは経営も苦しい気がする

らなかった。結局、五十ドルまで値切り、タクシーに乗るしか術《すべ》がなかった。

道は思った以上によかった。舗装されているのは国境付近だけかと思ったが、三十分走り、一時間南下しても舗装が途切れることはなかった。カンボジアといえば悪路が代名詞になっていた時期が長かった。乗っていた車がぬかるみにタイヤをとられ、くるりと一回転して停まったこともあった。乗客が降りて車を押して悪路を乗り切ったことも何回かあった。もう、そんな悪路時代は終わったようだった。

しかしカンボジアの道は、そう甘くなかった。水だった。道が冠水しはじめていた。スリンの洪水は免れたが、カンボジアで水に出合ってしまった。

カンボジア平原はメコン川水系である。増水した水は逆流するようにしてトンレサップ湖に流れ込む。この湖は下流の洪水を防ぐ調整湖の役割を果たしていた。しかしトンレサップ湖にも限界がある。湖に流れ込み、行き場を失った水は、周辺を次々に氾濫湖《はんらんこ》に変え、巨大な湖になっていく。さらに水は溢《あふ》れ、水田の冠水がはじまるのだった。

道路の周囲の水田は水没していた。そこで目にしたのは、何艘《そう》もの小舟だった。男が舟の上から投網《とあみ》を打っていた。高床式の家には、だいたい小舟があった。洪水に見舞われるとこの舟が足になるのだが、この舟で漁にも出る。田畑が水没し、仕事ができない男たちは、それが当然といったような面もちで漁師に変身するのだった。

「アジアの暮らしだよな……」

などとのんびり眺めているうちはよかったが、しだいに田畑に流れ込んだ水の水位があがっていった。やがて道路も冠水しはじめた。

どういう地形のなかに道をつくったのかはわからなかったが、両側の水位があがって道路が冠水するのではなく、左側から右側へ水がかなりの勢いで流れていく冠水だった。トンレサップ湖から溢れた水はいま、道路の左側に流れ込んでいるようだった。

車は速度を落とし、水しぶきをあげながら進みはじめた。冠水は数センチで問題はなかった。道路脇をバイクも走っていた。

笑顔が弾ける洪水酒場。日本で水害に遭った人には、「不謹慎な人たちですみません」と謝りたくなる

ふと見ると、道の右側に人だかりがあった。このあたりは盛り土の上に道がつくられ、水は左から右に勢いよく流れ、人が集まっているところは、短い滝のようになっていた。

ゆっくり進む車から眺めると、上半身裸の男が二、三人、道路脇に座ってビールを片手に酒盛りをはじめていた。流れる川に下半身を浸《つ》けているようなもので、涼しく、気持ちがいいのだろう。水が流れているから、つまみを路上に置けないことが難点だった……。

いや、そういうことではなかった。いま、水がどんどん流れ込んでいるのだ。日本だったら、住民の避難がはじまり、消防団や警察官が走りまわっているときである。役場には対策本部が設置され、作業服に着がえた職員が電話にかじりついているかもしれない。そんなときに、カンボジアでは水に半身を浸けてビールなのである。通りがかったバイクが男たちの脇に停まった。缶ビールを一本もらい、乾杯まではじめている。飲酒運転になってしまうではないか。

いや、そういうことではなかった。洪水なのである。水がどんどん流れ込んでいるのだ。前方を見ると、干したイカやポテトチップスなどを荷台の箱に入れた自転車を押すおじさんの姿が見えた。水流にハンドルをとられてしまうのだろう。

「あのおじさん、ここで酒盛りをやってることを聞きつけたんだろうね」

「水量がどんどん増えているような気がするんですけど」

「なんとかなるんだろうねェ」

車は水しぶきをあげながら、のろのろと進んでいく。あと五十センチほど水嵩《みずかさ》があがれば、車の通行も難しくなるだろう。運転手はそんな心配もない様子でハンドルを握っている。

シェムリアップまではあと百キロほどである。

コラム　軍事クーデターと王室批判

東南アジアの国境旅の基点にしたタイ。本書を書くために旅をしたのは、二〇一三年から二〇一四年だ。その数年前から、タイの政治状況は不安定だった。

赤シャツ派といわれたタクシン元首相派と黄シャツ派という反タクシン派の対立である。スワンナプーム空港や市街地の占拠にまで発展し、犠牲者も出ていた。その後も混乱は続き、膠着状態に陥っていた。

タクシン派は、東北タイという大票田を押さえていた。そこに暮らす農民層から圧倒的な支持を得ていた。タクシンが行ったさまざまな政策で、東北タイの人々は確実に豊かになったからだ。

しかし昔から、タイの政治を動かしてきたのは、バンコクの富裕層だった。政治や経済の分野で既得権をもった人々といってもいい。彼らは新興勢力としてのタクシン派に警戒感を募らせる。

政権は猫の目のように変わった。選挙を行えば、必ずタクシン派が勝利した。しかしバンコクの富裕層や中間層は、彼らがもつ力でタクシン派に対抗していく。

それは東南アジアに共通した構造だった。生活レベルがあがれば、必ず表面化する。東南アジアで、経済力では頭ひとつ抜けでたタイがその問題に直面した。

しかしタイには、政治を語る上で重要な位置を占める軍の存在があった。二〇一四年、軍がクーデターを起こす。タクシン派と反タクシン派の対立の方向性が見えないなかで、軍が全権を握ってしまう。

それから五年。軍事政権は続く。その間に軍が行ったことは、選挙を行っても、タクシン派が多くの議席を占めることを難しくする構造変化だった。下院は大きな政党が生まれにくい構造にし、上院は任命制にしていく。こういった軍の政策を受け入れるタイ人は少なくなかった。出口が見えないタクシン派と反タクシン派の対立よりは……という消去法だった。

二〇一九年、国政選挙が行われ、クーデターから軍事政権を率いてきたプラユットが首相になった。選挙によって選ばれた政党から選出された首相という形はとっているが、軍事政権の色を強く残している。

もうひとつの大きな変化は王室である。二〇一六年、プミポン国王が死去する。タイの発展とプミポン国王を重ねるように見てきたタイ人が多かっただけに、プミポン国王の死は重い喪失感をタイ人の間に生んだ。

そんな社会環境のなかでコロナ禍に巻き込まれていく。タイは早めのロックダウンなどが機能して、新型コロナウイルスの感染を抑え込んできた。しかしその時期に、学生や市民から、プラユット首相の退陣、そして王室変革を叫ぶ声が高まっていく。

軍事政権の流れをくむプラユット政権は、タクシン派と反タクシン派の対立という図式のなかに置くと存在感はあるが、単独で眺めるとほころびが目立つ。経済や外交面での指導力には、国民の多くが首を傾げる。

「新型コロナウイルス対策では、軍事政権らしい強権を発揮して、ある程度抑え込んだ。プラユット政権にとっては、コロナは追い風でした。もしコロナがなかったら、とっくに代わっているかもしれません」

そう捉える市民は多い。戦争や災害時には、政権への支持率があがる「旗下集合効果」を指摘する専門家もいる。

プラユット退陣を要求する勢力は、タクシン派の弱体化を導いた憲法改正を白紙に戻し、通常の普通選挙を要求している。

これまでも政権批判は、ときに激しさを増したタイだが、王室は別の文脈のなかにあった。しかし二〇二〇年あたりから、若者の王室批判が激しくなってきている。王室改革と不敬罪の廃止が訴えられている。

ポストコロナ――。タイは大きな転機を迎えるかもしれない。

第2章　メコンデルタくだり

アンコールワットは、これまで二回訪ねていた。はじめてこの遺跡に足を踏み入れたのは、二〇〇八年だった。遺跡を見る予定はとくになかった。理由はタイだった。そのとき、バンコクのスワンナプーム空港が、ときの政府に反対するグループに占拠されてしまったのだ。バンコクから日本に戻る航空券をもっていた僕は、出発空港を振り替えることになった。チェンマイやプーケットなどの候補空港もあったが、そこまでの距離が長い。いちばん近い国際空港……と思いめぐらし、シェムリアップを選んだ。

それまで十回近くカンボジアを訪ねていた。しかしアンコールワットに食指は動かなかった。街や村を歩いているだけで満足してしまう旅行者だった。しかし、アンコールワット観光のためにできたようなシェムリアップの街に、帰国する便に乗るためだけに滞在する。せっかくだから……それが一回目のアンコールワット観光だった。二回目は妻と一緒だった。

アンコールワットがつまらない……などというつもりはない。巨大な石造建築はやはりすごいと思う。梯子《はしご》のような急な階段をのぼった第三回廊の中央塔から眺めた亜熱帯の林は美しかった。アンコール・トムのバイヨン、巨木が絡みついたタプロームの遺跡……。どれも見応えがあった。しかしそこから先へは進めなかった。理由はわかっていた。僕のヒンズーの文化や思想、建築への知識があまりに浅かった。

だからというわけではなかったが、この遺跡にやってくる観光客が気になった。韓国人と中国人が目立った。シェムリアップの街のなかにも韓国料理屋が多かった。どんな経緯で韓国がアンコールワットやシェムリアップに深くかかわるようになったかは詳しくない。しかし韓国の会社は、アンコールワットに深く食い込んでいた。一時、アンコールワットをライトアップし、別立ての入場料をとる夜のアンコールワット観光があったという。それを仕切っていたのが韓国の会社だった。おそらくカンボジア政府との間に、かなり太いパイプをつくっていたのだろう。この観光プランは長くは続かなかったようだ。遺跡を照らすライトに、夥《おびただ》しい数の昆虫が集まり、その掃除があまりに大変だったからだという。

しかしここまで韓国業者がかかわっているのだから、韓国からの観光客も増えていく。シェムリアップのカンボジア人はこうもいう。

「彼らは韓国資本のホテルに泊まり、食事は韓国料理店……。この街にぜんぜん金を落とさないんだよ」

アンコールワットやその周辺の遺跡を訪ねると、さまざまなところから韓国語が耳に届くのだった。

中国人観光客は、アジアの主だった観光地でできれば一緒になりたくない人々だった。個人旅行者の目に映る団体観光客というものは、それがどこの国の人々であっても鬱陶《うっとう》しいものだ。彼らの後につくと、列はなかなか進まない。レストランで一緒になると、こちらの注文した料理がなかなか出てこないことになる。しかし多くの国の団体客は、個人旅行者に気遣いの態度をみせてくれる。しかし中国人団体客にはそれがない。加えて声が大きいから、やたらに気になってしまう。中国人は、ひとりひとりと話をすると、いたって普通の人が多いのだが、集団になると、どうしても避けたい存在になってしまう。

二回、アンコールワットやその周辺の遺跡群を訪ねたが、いつも眉間《みけん》に皺《しわ》を寄せてしまうのが団体客の存在だった。

「また、あの世界かもしれない……」

そんなことを考えながらアンコールワットに向かうトゥクトゥクに揺られていた。

アンコールワットの見ものである回廊に向かうには、そこに続く石畳の参道を歩くことになる。そこを歩きながら、前回とはどこか違う雰囲気を感じとっていた。通りすぎる人たちの服装や顔だちが、東南アジアの雰囲気を発していたのだ。はじめはタイ人観光客かと思ったが、交わされる会話に耳を傾けるとカンボジア語だった。僕はカンボジア語を話すことも理解することもできないが、それがカンボジア語であることはわかる。どこか鳥のさえずりのような短い音が多く、ときに裏声のような高い音が混じるのだ。

夜になってわかったことだが、その日はカンボジアの休日にあたっていた。週末に絡んだ連休だった。考えてみればあたり前のことだが、世界遺産でもあるアンコールワット遺跡群は、世界に知られた観光地だったが、カンボジア人にとっても訪ねてみたい遺跡だった。

一度、カンボジア人女性と結婚した日本人男性とシェムリアップで落ち合ったことがあった。奥さんと一緒に甥や姪もやってきた。中学生や高校生という年齢だったが、アンコールワットを見るのははじめてだという。奥さんは二十歳の頃、友だち十数人と一緒に訪ねたという。シェムリアップには、そんなカンボジア人向けの宿が何軒もあるらしい。一泊二千リエルぐらいだったという。〇・五ドル、五十円ほどである。いまとはレートが違うかもしれないが、一ドルはしなかったに違いない。日本人は一泊十ドルとか、一ベッド一ドルのドミトリーに、安いといって嬉々としているのかもしれないが、シェムリアップには『HOTEL』という英語の看板も出さないカンボジア人向けの世界があるらしい。彼らは一日二十ドルというアンコールワット遺跡群の入場料もかから

カンボジアのコブラ、サソリ、朝鮮人参入り酒。まずい。買ってはいけない

ない。アンコールワットは、それほど金がかからない観光地だった。

翌日、知人は奥さんと甥や姪を連れてアンコールワットに出かけた。昼頃に帰ってきた知人はこういった。

「カンボジアでは、学校でアンコールワットのことをほとんど教えないみたい。甥や姪はなにも知らないんだよ。俺の妻もな。だから遺跡にはなんの興味もない。写真撮って終わり。なにが楽しみって、アンコールワットの入口の左側に、広い原っぱがあるじゃない。あそこで、飯を食うことなんだよ」

「それじゃ、ピクニックじゃないか」

「そう、ピクニック。たしかにカンボジアには、ああいう森のなかの広場は他にはないかもな」

僕はアンコールワットのなかを歩きながら、知人の言葉を思いだしていた。ここにやってくるカンボジア人の多くは、三、四段式の弁当を持っていた。彼らはアンコールワットのなかで適当な場所をみつけては、弁当を広げた。その場所が修復途中で、立ち入り禁止になっていてもお構いなしだった。

アンコールワットの遺跡群が、どれほど貴重なものなのか……カンボジア人は関心がないようなのだ。弁当を囲む姿もピクニックといわれれば、なんとなく納得することができた。

世界からやってきた観光客は、パンフレットやガイドブックを斜めに読み、遺跡群の意味を知っているかもしれないが、本当の価値を認識しているのは、ほんのひと握りだと思う。韓国人のおばちゃんはガイドの説明も聞かずに、息子の嫁がつくるチゲのまずさを嘆き、中国人のおばちゃんは決めポーズの写真を撮るために集団を離れて添乗員に注意されたりしている。それはピクニック気分で、アンコールワットのなかで弁当を広げるカンボジア人と五十歩百歩だった。

僕にしても、訳知り顔で遺跡のなかを歩いているかもしれないが、ヒンズー文化への造詣《ぞうけい》も浅く、やってくる観光客にばかり視線が向いてしまうのだ。

観光地というものはえてして、そういうものなのかもしれないが、ピクニック目的でやってくるカンボジア人がいちばん楽しそうだった。「自分の国にあるものなんだから、

樹木が遺跡に絡むタプローム。
この脇にも土産物屋が店を出す

どうやって楽しんでも勝手でしょ?」。そんな居直りすら感じてしまうのだった。

　これまで足を踏み入れたアンコールワットのなかで、今回がいちばん健全な空気が流れていた。どんなに関心が薄くても、カンボジアの遺跡には、カンボジア人が多いほうが気分がいい。

　しかし大挙してやってきた彼らは、翌日、ざわざわと帰っていくことになる。その混雑のなかに僕らも巻き込まれてしまった。

　シェムリアップからプノンペンに出ることにした。前日、バスを予約しようとすると、九時のバスしか席がとれなかった。

　シェムリアップからプノンペンに向かうバスの多くが、泊まっているホテルまで迎えにきてくれる。バンが街のなかをまわり、乗客をピックアップして、バスターミナルまで連れていってくれるのだ。八時半にフロントの前で待っていると、連絡が入った。出発が三十分遅れるということだった。このあたりで察しなくてはいけなかったのかもしれないが、その日のバスはかなり混みあっていた。

　僕はホテルのフロントからバスを予約した。ほかの外国人観光客も同じようにホテルやゲストハウス、旅行会社から予約を入れる。そこにはカンボジア人向けのアンコールワットツアーの客も含まれていた。その日は連休の最終日だった。その予約が混乱しているようだった。ピックアップを受けもつバンがバスターミナルに着いたのは九時半だ

これ、おこげです。カンボジアでは、こうしておこげが配達される。専門でつくっているところがあるらしい

った。『OPEN TOUR』という表示があるバスだった。次々に客がバンに乗ってやってくる。バスは数台停車していたが、客のやりくりで係員は飛びまわっていた。すべてがプノンペン行きなのだから、端からどんどん乗せればと思うかもしれないが、そうはいかないカンボジア事情があった。

バス運賃が予約した方法によって、一ドル単位で違っていたのだ。バスの設備はほとんど同じで、サービスにも大差はない。それでいて予約を受ける会社は、少しでも儲けようとせこい運賃設定をするから、ただ混乱するばかりだった。

結局、バスが出発したのは十時を少しまわっていた。バスは最初の三時間ほど、順調に進んでいた。昼食休憩を終えて走りはじめたあたりから、道路が混みはじめた。

午後の二時すぎになると、まったく動かなくなってしまった。シェムリアップからプノンペンまでは、六号線をひたすら走るしかなかった。プノンペンに近づくと迂回路《うかいろ》もあるのだが、約三百十キロの八割方は一本道だった。渋滞に巻き込まれると、げんなりとした顔で待つしかなかった。

カンボジアの景気はよかった。タイはもう少し前に経済成長がはじまり、落ち着きとその矛盾が顔をのぞかせはじめているが、いまのカンボジアは、降って湧いたような儲け話ばかりが渦巻いていた。プノンペンの土地価格はバブルの感すらあるという。バンコクで居酒屋を経営する知人がプノンペンに支店を出そうと出向いたところ、テナントの所有者から、「一年分の家賃を前払い」と伝えられ、すごすごと帰ってきた。

「成功するかしないかわからないっていうのに……。とにかく強気なんですよ。交渉にもち込もうとしても、聞く耳をもたないって感じでね」

大型連休の間の海外旅行のツアーが発表されると一時間で売り切れるという話を聞いたこともある。

プノンペンに住む知人は、バイクを買おうと、ホンダの代理店に出向いたときの話をこんなふうに話す。

「やっぱり純正のホンダの新車がいいかと、代理店に行ったんです。百二十五ccのバイクが一台千九百ドル、約二十万円。日本より少し安いぐらいなんですよ。それも売り切れ。すると、明後日にタイから五台届くっていうんです。一応、その場で前金を払って、二日後の朝九時に行って買ったんですけど、その場で売り切れですよ。カンボジアで千九百ドルっていったら大金ですよ。どうなってるんだと思いましたよ」

多くは土地で儲けたというのだが、成金組が次々に誕生しているのだ。土地といっても、カンボジアの場合はかなりきな臭い。というのもポル・ポト時代に土地の国有化を経験しているため、それ以前と以降という二種類の土地台帳があるのだという。ポル・ポト時代に死亡した人は二百万人にのぼったといわれる。当時のカンボジアの人口から計算すると、三人にひとりの割合になってしまう。当然、そのなかには、かつての土地の所有者も含まれているわけで、その所有権をめぐって諍《いさか》いが絶えない。そのなかで土地を売買するということは……となってしまうのだという。

しかし、不協和音をあげながらも、カンボジアは着実に成長している。中国のデベロッパーが絡んだ工業団地が、プノンペン近郊には次々に誕生している。そこに外資系企業の工場が建ち、実家の農業を手伝うしかなかった若者に働き口が生まれた。平均的な月給は百ドルだという。カンボジアの農村なら、十分に暮らすことができる額である。

バブルに躍るプノンペンの成金組と農村の青年では、手にする額はふた桁も違うのかもしれないが、彼らは経済発展の、同じ高揚感のなかにいた。高度経済成長というものは、そういうものだと思う。前の暮らしや、前年の収入との比較のなかで、生まれてくるエネルギーである。そして、彼らは連休と聞くと血が騒ぐのだ。

「皆でどこかへ行こうよ」

「アンコールワットにしようか。あれだけ外国人が行くんだから」

かくして、その結果が、目の前の大渋滞だった。成金組はマイカーに乗り、若者は僕と同じバスに揺られているのだが、また明日から、皆、仕事なのだ。

日はとっぷり暮れてしまった。バスは遅々として進まない。道は片側一車線である。それでも少し道幅が広がると、マイカーはそこに車の頭を突っ込み、少しでも先に出ようとする。車のライトに映しだされた街道沿いの家は、昔ながらの高床式で、土埃《つちぼこり》を被《かぶ》り、うっすら白く見える。窓に頭をもたせかけながら、そんな風景をぼんやり眺めていた。日本の高度経済成長の時代も、連休の最終日には車が連なっていた気がする。人々の高揚感にインフラが間に合わないのだ。当時の日本人も、なかなか進まない車のなかで、明日を思い描いていたのだろう。少し疲れた旅人は、そんな思いに耽《ふけ》ってしまうのだった。

プノンペンに着いたとき、夜の十時をまわっていた。渋滞がなければ五、六時間で着く距離である。倍以上の時間がかかったことになる。バスターミナルの手前の、通称、日本橋と呼ばれる橋の袂《たもと》で降ろしてもらった。

カンボジアからベトナムに抜けるルートは状況によって変わるが、二〇一三年当時、三つの国境が開いていた。

ひとつは一号線を進む最もメジャーなルートだった。ベトナム側はモクバイに入ることになる。バスも頻繁に出ている。昔は十時間ほどかかったが、いまは道も整備され、六、七時間で着くらしい。

懐かしい国境でもあった。はじめて通ったのは、ベトナムが外国人観光客を受け入れるようになって間もない時期だった。ホーチミンシティーやハノイへの空路での入国が許可されたしばらく後に、陸路入国も許されるようになった。しかしビザをとるとき、入国や出国ポイントを伝えなければならなかった。ビザにその地名が書き込まれていなければならなかった。そのときは中国の南寧《ナンニン》からベトナム北部に入り、ホーチミンシティーを経て、モクバイからカンボジアに抜ける旅だった。ところがベトナム入国には別の条件もあった。出国する航空券をもっていることだった。厳密にルールをあてはめるなら、陸路で入国しても、出国は空港からということになる。しかし陸路で入国し、陸路で出国するつもりだから、航空券を買うわけがなかった。このあたりがベトナムの杜撰《ずさん》さだった。パスポートには、入国と出国ポイントが記入されたビザをもらった。では、出国用の航空券は……それを問い質《ただ》してもやぶへびだった。国境では、「航空券がないじゃないか」という裏金要求の材料にされる可能性もあった。なにもいわれないことを祈るような心境で、イミグレーションにパスポートを出した記憶がある。

もうひとつの国境は、プノンペンからメコン川を遡り、コンポンチャムから東に向かい、ベトナムのサマットに出るルートだった。現地の人しか通過しないようなマイナーな国境だった。

　プノンペンからメコン川をひたすらくだり、ベトナムのチャドックに抜けるルートもあった。

　マイナーな国境となるとサマットかチャドックになる。どちらにしようか……。かなり悩んだ。ただ、サマットルートは、スムーズに越境できるのかという不安が残る国境だった。それに、タイのスリンからカンボジアに入ったとき同様、林のなかの国境である。風景に変化がない気がする……。

　結局、チャドックに出るルートに決めた。増水したメコン川をくだっていくコースだ。ホーチミンシティーに行くには遠まわりになる。国境が開いて、そう年月も経っていないはずだった。

　メコン川をくだる船の出港時刻が不確かだった。朝の六時半という情報と午後の一時という話もあった。朝の六時半なら、船が出る港の近くに泊まりたかった。

　シェムリアップからのバスを降りた僕らは、道端で客を待つバイクタクシーの運転手に話しかけた。しかしなかなか意図が通じなかった。ベトナムへ行くというと、バイクタクシーの運転手は誰も、一号線を走り、モクバイに出るバスに結びつけてしまう。メコン川をくだる人はほとんどいないようだった。

「バスじゃなくて船」

「メコン川をこう、くだっていくわけ」

英語がなかなか通じないということもあるのだが、このルートをプノンペンの人たちが知らないようだった。阿部カメラマンがノートを出し、船を描いた。四、五十代のおじさん運転手たちは、その絵を街灯にかざして、なにやら話しこむ。

「ベトナムだろ?」

「そう」

「だったらバスじゃないか」

「だから、バスじゃなくて船」

堂々巡りは二十分近く続いただろうか。運転手のひとりが知りあいに電話をかけている。はたして行き先がわかったのか、わからないのか……。どこへ行くのかわからなかったが、二台のバイクに分乗することになった。運賃はふたりで五ドル。遠いのか近いのかもわからないのだから、値切る語気を強めることもできない。

着いたのはプノンペン市街の脇を流れるトンレサップ川の岸だった。この川はメコン川に合流するから、ここが港でも問題はなかった。オフィスらしき建物はあったが、灯はすでに消えていた。夜も十一時をすぎているのだから無理もなかった。その入口脇にポスターが吊《つ》るしてあった。道の街灯から届く弱い光のなかで見ると、そこには屋根つきのモーターボートの写真が印刷され、いくつかの行き先がアルファベットで書かれていた。シェムリアップ行きの船もあるらしい。辿っていくと、『CHAUDOC』という目的地がみつかった。ここでよかったのだ。しかしそこには出港時刻が書かれていない。朝の六時半に船が出るなら、六時頃にはこのオフィスに来なくてはいけない。席がない可能性もあった。

「とにかく、このあたりで宿を探そう」

荷物を手にあたりを見まわした。

前の道を渡った向こう側が妙に明るかった。

「なんですか。ここは」

眩《まぶ》しいほどに点滅する品のないネオンを見あげてしまった。バーがずらりと並んでいる。店の前には、短いスカート姿の女性が客を待っている。僕らはそんな一画に迷い込んでしまったらしい。トンレサップ川に沿って、欧米スタイルのカフェやレストランが続々とできていると聞いたことがある。しかし欧米からの観光客が皆、ワインを飲みながら食事を楽しむことで満足するわけでもない。女性を横に座らせて、剝《む》き出しになった太ももを触りながらビールを飲むことが大好きな奴もいる。スポーツバーで訳もなく騒ぎたい男もいるだろう。女性たちの胸の谷間にちらちら視線を送りながら、夜の相手を物色するタイプももちろん、いる。そんな欲求を受け入れる一画が誕生しても不思議ではなかった。ここはカンボジアだった。周辺国に比べれば、ギャンブルや女、ドラッグへの規制は甘かった。なにしろ国境には必ず、カジノを建てる国なのだ。

しかし僕らの目的は宿だった。プノンペンに何泊もするなら、物見遊山《ものみゆさん》で訪ねたかもしれないが、今朝、シェムリアップを出発し、明日はチャドックに向かう身だった。明朝は六時に港に向かわなくてはならない。

宿はあるだろうか……。連れ込み宿になってしまうかもしれないが、一晩、泊まることができれば、それでもよかった。ビールを手にした欧米人が行き交い、店の前からは女性の嬌声《きょうせい》が響く通りを歩いた。ゲストハウスやホテルという看板はみつからなかった。

「ほかの通りで探せってことだろうか」

そう思いながら街を眺めると、斜め後ろに二十四時間営業のバーがあり、そのドアにゲストハウスという文字をみつけた。ここしかなさそうだった。

店内に入った。ビリヤード台が置かれたプールバーだった。壁にとりつけられた液晶モニターではヨーロッパのサッカーが映しだされていた。アジアではよく見かけるバーのスタイルだった。店員は女性だが、その種の店ではないようだった。客の大半はカウンターに座り、ビールを飲んでいる。ゲストハウスのフロントがどこなのかわからず、カウンターの奥にいる女性に声をかけた。

「ツインの部屋は二十八ドル。それでいい？」

ぶっきらぼうな返事だった。少し高い気がしたが、もう夜も遅い。明日の朝を考えれば、しかたなかった。鍵を渡され、店の奥のドアを開け、三階までのぼった。通路を挟んで両側に部屋があった。

いくつかのドアが開いていた。見るとはなしになかをのぞくと、上半身が裸の欧米人の老人が、ぽつんとベッドに座ってテレビを見ていた。背中は曲がり、皮膚には皺やシミが目立つ。向かいの部屋のドアも開いていた。ベッド脇の床の上にパンツ一丁の男が、仰向けになって寝ていた。部屋の入口にはテキーラやウイスキーの空き壜《びん》が二、三十本並んでいた。三部屋ほど前の部屋から、ひとりの男が出てきた。上半身は裸だった。手にはビール壜を持っている。髭《ひげ》の濃い欧米人だった。視線が合った。目が濁っていた。あの世界に迷い込んでしまったようだった。カンボジアという国がもつ、もうひとつの顔だった。

発端は一九六〇年代のヒッピームーブメントのように聞いている。欧米の若者を包んでいた閉塞感《へいそくかん》は、彼らをアジアへと向かわせた。インドやネパールに広がる精神社会のなかに、ある種の救済を求めたのである。しかしそこはヒマラヤ山塊に行く手を阻《はば》まれたどん詰まりの土地だった。救済など人が暮らす土地にはないと悟るにはやはり彼らは若かったのだろう。ドラッグが誘う一時的な快楽とないまぜになったイメージがネパールやインドを中心にできあがっていった。日本の若者もその後を追いかけることになる。欧米の若者と同質の閉塞感にとらわれた若者が、就職を拒否したり、仕事から逃げるようにしてインドをめざした。

それから何年かが経ち、世界の若者はバンコクに集まっていく。カオサンという巨大なゲストハウス街ができあがっていった。しかし日本の若者たちは、中華街の七月二十二日ロータリー近くの安宿にひとつの拠点をつくっていく。なぜ日本人だけが、楽宮《らっきゅう》旅社《りょしゃ》やジュライホテルという安宿に集まってきたのかには諸説があった。インド帰りの日本人にはカオサンのゲストハウスの宿代は高く映ったという説が有力だった。

僕がアジアの旅によく出るようになったのはこの頃だった。基点はバンコクだったから、中華街の安宿にはしばしば泊まった。楽宮旅社の硬いベッドに寝ることが多かったが……。

日本人の数が多かったのはジュライホテルだった。部屋の数も楽宮旅社に比べると格段に多かった。楽宮旅社に勢いがなくなり、僕もジュライホテルに移っていった。エレベーターであがると、横の壁に黒板が掲げてあり、そこに宿泊者の国籍が書き込まれていた。「日」という漢字がずらりと並んでいた。タイだったが、スタッフは中国系で、漢字を書くことができるようだった。

僕が泊まっているときはそれほどでもなかったが、ジュライホテルはその後、頻繁に警察の手入れを受けるようになっていった。マリファナなどの麻薬だった。一度、ジュライホテルの廊下で被害妄想に陥ってしまった日本人の若者と会ったことがある。虚《うつ》ろな瞳で「屋台のそばに、僕の分だけ毒が入っている」、「タイには逃げ場がない」……と訴えるように話しかけてきた。インドでヘロインやＬＳＤにまで手を出した青年だという噂だった。警察の手入れを受け、もっていたマリファナを慌《あわ》てて窓から捨てて助かった……という話は何回も聞いた。

タイという国が社会的に成熟してきたのだろう。以前は大目に見ていたドラッグに対する取り締まりが強くなってきたのだ。それが直接の理由だったのかはわからないが、しばらくして、ジュライホテルは閉鎖されることになる。

その後、この一帯を歩いたことがあった。タイ人のアーティストが、空き家になった建物などを利用したインスタレーション・アートを企画していた。かつてのジュライホテルには、『博物館』というタイ語が掲げてあった。特別に一階が開放され、なかに入ることができた。若いタイ人には、この建物は麻薬の巣窟《そうくつ》のように教えられていたのかもしれない。「かつて危うい日本人が集まり、しばしば警察の摘発を受けた」のだと……。

その展示を見ながら不快感が残った。たしかにマリファナなどに手を出した日本人もいたかもしれない。しかしドラッグが目的でアジアにやってきたわけではなかった。日本を脱出したとき、彼らの心の裡《うち》を占めていたものはもっと切実なものだったはずだ。それを痛みを知らない優等生のような面もちで、バンコクの負の遺産のようにジュライホテルを博物館に仕たてていることが腹だたしかった。僕らは、そうせずにはいられなかったのだ……。

ジュライホテルを追いだされたなかで、ドラッグにのめり込んでいた日本人はカンボジアに流れていったという話だった。

カンボジアがドラッグを容認しているわけではなかった。しかし、カンボジアで実権を握るフン・センは、麻薬組織との間に黒い噂が絶えない男だった。かつて彼の側近だった男は、アメリカへ行けば逮捕される麻薬組織のボスだと聞いたことがある。その後、テン・ブンマ、モン・レシーといった麻薬グループを仕切る男から、巨額の寄付を受けとっていたことが報道されたこともあった。

告発されたわけではないが、首相にそんな噂話がたつ国である。一介の旅行者が、個人用にマリファナを買うことは難しくはないはずだった。

ジュライホテル組がカンボジアに向かった理由がもうひとつあった。ビザだった。麻薬と滞在資格の管理というものは、同じようなプロセスで進んでいくものなのだろうか。タイがドラッグに対してうるさくなった頃、長期に滞在する外国人への締めつけが厳しくなっていった。当時、ジュライホテルなどに四カ月、五カ月といる日本人は、二回の入国が可能な観光ビザをもっている人が多かった。しかしタイ政府は、ビザがなくても滞在できる日数を増やす一方で、観光ビザの取得を難しくしたり、緩めたりしながら、バンコクに沈没している不良外国人を追いだそうとしていく。労働ビザをとらずに働く外国人もそのターゲットになった。観光ビザの取得が難しくなると、彼らは陸路を使って何回も近隣国に向かわなくてはならなくなった。そうなると、出費もかさむ。

しかしカンボジアはいたって簡単だった。空港や国境で二十五ドルを払えば、書類もいらずに働くことができるビザがとれた。そして一年に一回、二百ドルほどを払えば、一年間、滞在できるビザをとることができた。

カンボジア人と結婚したひとりの日本人女性が、一歳の赤ちゃんを連れ、日本に一カ月ほど里帰りした。カンボジアに戻ったとき、彼女は働くことができるビザをとったが、一歳の子供で悩んだ。空港のビザオフィスに相談すると、気が抜けるような言葉が返ってきた。

「二十五ドルのビザをとればいいでしょ」

一歳の子供が働くわけがなかったが、それを口にするとやぶへびになるような気がし、黙って二十五ドルを払ったという。金さえ払えばなんでもよかったのだ。ゆるいというか、いい加減というか……。

かつてのベトナムも、労働ビザはゆるゆるだった。ビザ申請時のカテゴリー欄に「B」

と書くだけで、働くことができるビザをとることができた。ビジネスのBである。なんの書類も要求されなかった。ところが最近はかなりうるさいらしい。国の管理が少しずつ強まっているのだ。

なにをするわけでもなく、物価の安い国でだらだら暮らす不良外国人は、ビザがゆるい国へと流れていくものだ。最後はどこまで堕《お》ちてゆくのか……という思いもあるが、タイを追われたジュライホテル組は、東に接するカンボジアに移動していったわけだ。

彼らが集まったのがプノンペン市内のキャピトルというゲストハウスだった。おそらくマリファナを手に入れることが簡単な宿だったのだろう。こういった嗅覚《きゅうかく》だけは鋭い男たちだった。僕も二回ほど、このゲストハウスに泊まったことがある。長期に滞在している男たちは、部屋でなにをしているのかはわからなかった。マリファナのにおいも漂ってこなかった。ただ泊まるだけなら普通のゲストハウスだったが、宿を出た路地に地元の食堂があった。そこで日本食を食べることができた。カンボジア人がつくる日本の味で、お世辞にもおいしいとはいえなかったが、まあ、日本食は日本食だった。そこに、ジュライホテルを追いだされた男たちがたむろしていた。

やはり汚れていた。目も濁っていた。体が発散するエネルギーは乏しく、歯も黄ばんでいた。カンボジア女性を横に座らせた中年の男がいた。金があるのか、昼からビールを飲んでいた。服装は汚れていた。白いワイシャツに黒っぽいズボンだった。ワイシャツの襟《えり》は黒く汚れていたが。この姿でカンボジアまでやってきたのだろうか。

　男たちの間に会話はほとんどなかった。話し込みたい相手ではなかった。同じゲストハウスにいるとはいえ、どこか周囲との接触を嫌っている風でもあった。そのなかでは、ビールを飲み、横に座る女性と怪しげな英語を操るワイシャツ男は異質だった。

　あの頃から十年近い年月が経っていた。トンレサップ川の港に近いプールバーの三階に足を踏み入れたとき、あのキャピトルというゲストハウスの近くにあった食堂に漂っていた澱《よど》んだ空気を思いだした。考えてみれば、欧米人たちも同じ流れのなかに置かれたはずだった。彼らは中華街のジュライホテルには姿を見せず、カオサンの安宿に巣くっていた。カオサンのゲストハウスのなかにも、警察の手入れをしばしば受ける宿があった。おそらくその種の宿に、深海に生きる魚のように、息をひそめて暮らしていたはずだった。しかしジュライホテルにいた日本人同様、警察の圧力とビザの厳しさのなかで、プノンペンまで流れてきたのだ。彼らもまたキャピトルと同じような宿をつくっていったのだろう。

　いま、キャピトルがどんな空気に包まれているのかは知らない。噂では、ずいぶん健全なゲストハウスに変身したらしい。途上国に広まるドラッグは、どこか貧困に寄り添うようなところがある。プノンペンの好景気はドラッグを弾《はじ》き飛ばそうとしているのかもしれなかった。

ドラッグとビザを考えれば、カンボジアから出るとは思えなかった。キャピトルにたむろしていた男たちは、いったいプノンペンのどこに流れていったのだろうか。欧米人たちは、この港に近いバーの三階に流れついたのだろうか。

一階のバーに降り、ビールを飲んだ。一杯一・二五ドル。一世代前のロックが流れ、テレビモニターには、ヨーロッパサッカーが映しだされている。客の会話はほとんどなかった。多くが、舐《な》めるようにカンボジアのビールを飲んでいる。この通りの店の多くは、暗めの照明のなかで今晩の料金交渉の声が聞こえてくる世界なのだろうが、遊び飽きたのか、金も底をついているのか、このプールバーはその種の店から遠のいてしまった男たちの溜《た》まり場のようだった。ビールを飲むだけなら、どこにでもある食堂のほうがはるかに安いのだが、やはりこの界隈《かいわい》から離れることができないようだった。

「朝の六時には港ですよね」

阿部カメラマンが口を開く。今日はバスに十二時間近くも揺られていた。僕はもうじき六十歳になる。彼はひとまわり下だから、すでに四十歳台の後半なのだ。長時間のバス旅は、腰に疲れが溜まっていく。互いにそういう年齢である。ここでビールを飲む欧米人たちのように、なにをするわけでもなく、だらだらとしたい思いはあるのだが、なぜか先へ先へと行こうとしてしまう。なんだか妙にストイックな旅行者に思えてしまうのだった。

翌朝、五時半に起きた。いそいで荷物をまとめ、どたどたと階段を降り、バーに入るとまだ数人の男たちがビールを飲んでいた。二十四時間営業の店だから、別に問題はないのだが、鍵を返すキャッシャーの傍《そば》に座っているおじさんが気になった。この店はビールを頼むと、壜とグラスを運んできてくれるのだが、それを片づけることをしない。アジアでは珍しいことではない。精算のとき、壜を数えればいいだけだから楽なのだ。僕らがチェックインしたとき、イタリア人っぽいその男は、やはりそこに座っていた。そしていま六時すこし前という時刻にも同じ場所にいる。そしてカウンターの上には、ビールが一本……。

おじさんは一本のビールで七時間以上、同じ椅子に座っているのだった。カンボジア人はのんびりした性格だから、それでも文句ひとついわない……いや、そういうことではなかった。この欧米人は毎日、この椅子に座っているような気がした。ビール一本で朝までねばり、そして安宿に戻っていく。

僕らは急いでいた。港は歩いて一分ほどの距離である。行くとオフィスはすでに開いていた。職員らしき男がデスクの前に座っている。

「チャドック行きなんですけど」

「チャドック？　午後一時ですよ」

「一時……」

切符は直前でも買うことができるといわれた。どうも混んでいないらしい。

「いったん戻ろうか」

「まだどの店も開いていないしね」

「泊まったゲストハウスのバーは開いてるけど……」

ゲストハウスに戻った。キャッシャーのところから、また鍵を受けとった。その横には、まだ男が座っていた。誰と話すでもなく、ただぼんやりとサッカーを見ていた。

僕らはこれまでの旅からすると、柄にもない乗り物を選んでしまったようだった。十二時に再び港のオフィスに行った。切符は簡単に買うことができたが、ひとり三十五ドルもした。シェムリアップからプノンペンまでのバスは九ドルだった。いくら船とはいえ、やはり高かった。

待合室の奥にあるトイレに向かった。寄る年波には勝てないということだろうか。最近、トイレが近くなった気がする。これから乗り込む船にはトイレがないかもしれなかった。長距離バスや船に乗るときは、つい神経質になってしまう。用を足し、手を洗おうとすると、横に布製のおしぼりがきちんと置かれていた。脇には使い終わったおしぼりを投げ入れる籠《かご》もある。なに気なく拭《ふ》く手が止まってしまった。

「星がいくつもついたホテルのトイレと同じではないか」

待合室の窓ごしに川沿いのレストランを眺めることができた。そこではカンボジアの踊りがはじまり、テーブルには欧米人の老夫婦たちが座っていた。

「ツアー用？」

僕は木造の乗り合い船に、大きな荷物を背負った人々がわさわさと乗り込んでくるローカルな世界を想像していた。しかしなにかが違う……。そういえば、待合室には僕らしかいない。それも妙な話ではないか。

出航の二十分ほど前だったろうか。小ざっぱりとした服装の青年が現れ、乗船を伝えられた。わかりやすい英語だった。浮橋を歩いていくと、中型のスピードボートが停泊していた。その前に欧米人のカップルがふたり、ガイドと一緒に立っていた。今日の乗客は、このカップルと僕らの四人だと聞かされた。

船に乗り込んだ。リクライニング式の椅子が十二個並んでいる。冷房も効いている。トイレもあった。しばらくすると、青年がコーヒーが入ったコップを運んできてくれた。こういうサービスには慣れていないから、つい緊張してしまう。青年はこの船のガイドでチャドックまで同行するという説明を受けた。

僕らが乗ったのは、外国人用のツアーボートだった。訊《き》くと、チャドックに行くのはこの船しかないという。

「カンボジアの人たちは？」

「バスですね。バスのほうが早くて安いですから」

「……」

青年にはなんの疑問もないようだった。僕が貧乏な旅ばかりを続ける旅行作家であることなど知らないのだから無理もなかった。昨夜遅く、シェムリアップからバスで到着し、バイクに乗ってこの港に来た旅行者であることも知らないだろう。おそらく旅行代理店のカウンターで、メコン川をくだるスピードボートの写真を目にして決めた旅行者だと思っているに違いなかった。

しかし三十五ドルは三十五ドルだった。眠くなってしまうほど快適だった。最近、この種の高級な乗り物にほとんど乗っていない。

ボートはトンレサップ川を快調にくだっていった。やがて川幅が急に広くなる地点に出た。メコン川との合流点だった。そこから三十分ほどくだったときだった。急にボートはスピードをゆるめた。見ると前方に、僕らのボートとまったく同じ型の船が遡ってきた。二艘《そう》は互いにスピードを落とし近づいていく。遡る船には十人ほどの欧米人の老人ツアー客が乗っていた。そこから男性と女性が、僕らの船に飛び乗ってきた。メコン川の上での離れ業だった。呆然と見つめてしまったが、話を聞いていると彼らふたりもツアーガイドだった。この船会社はプノンペンとチャドックに、それぞれガイドを配置していた。欧米人のツアー客を乗せた船はそのまま遡っていった。ふたりのガイドは僕らの船でチャドックに戻るようだった。

ひと仕事終えた……。ふたりの顔には、そんな解放感が見てとれた。男性ガイドは床に座ると金属製の円筒を二段重ねた弁当をとりだした。ひとつにはご飯、もうひとつには煮込んだメコンの魚と野菜が入っていた。女性ガイドは刺繍《ししゅう》をはじめた。ガイドといっても、メコン川と一緒に生きているようなふたりだった。外国人観光客のためにセッティングされたスピードボートだった。どことなくもの足りない気分だったが、ふたりのガイドが、メコン川の暮らしをもち込んでくれたような気がした。それほどまでに、メコン川のにおいがしない船だった。

しかし視界にはメコン川の圧倒的な水量が映っていた。雨季の水を集め、川幅は最大まで広がり、河川敷にあるはずの畑は完全に水没していた。途中にはいくつもの中州があった。竹で編んだような作業小屋は、屋根を残してメコン川のなかだった。集落の間の並木も水のなかだった。ひょっとしたら、この中州は水位がさがれば、岸とつながるのかもしれなかった。しかし人々の暮らしは、なにひとつ変わらないような気さえした。水流はかなり速いというのに、なに気ない顔で小舟を川に浮かべ網を投げている。川岸の家が途切れることもない。増水は毎年、繰り返されるということなのだろうが、その水量はあまりに膨大なのだ。その圧倒的なエネルギーに抗《あらが》うことなく淡々と暮らす人々の姿は、旅人を寡黙《かもく》にしてしまうのである。

このふたりが、僕らが乗るボートに飛び移ってきた。離れ業を涼しい顔でこなす。メコン川の上で

観光ガイドの昼食。奥さんの手づくり？　こういうお弁当、なぜかすごくおいしそうなのです

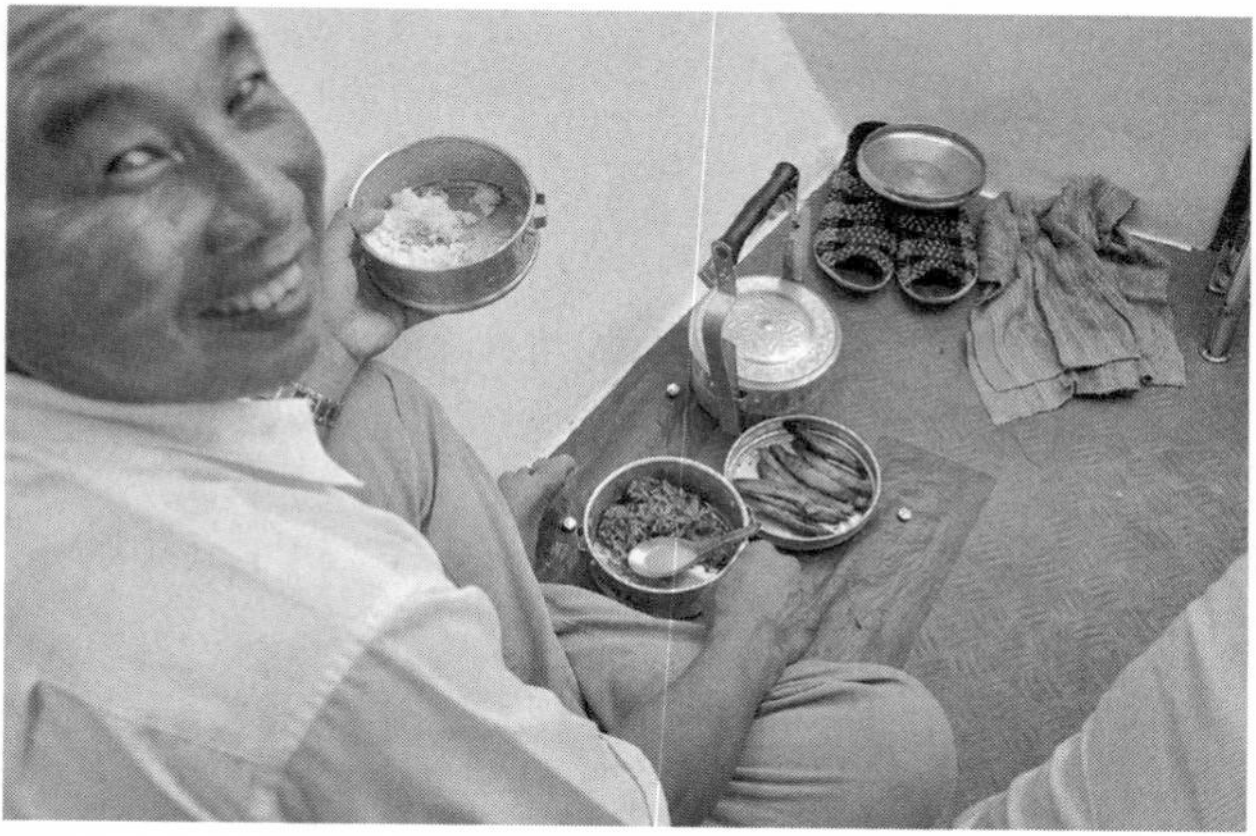

雲ゆきが怪しくなってきた。周囲が暗くなり、スコールが激しく川面《かわも》に落ちていく。陸上にいれば、急いで雨宿りをするところなのだろうが、ボートの後ろにある甲板に座っていても、腰がなかなかあがらなかった。ボートからメコン川を眺めているだけなのだが、なにか水が体内まで入り込んでしまったような気になるのだ。ボートも体も、すべてがメコン川に染まっている。

雨のなか、建設途中の橋の下を通った。プノンペンからベトナムに向かう一号線は、しばらくすると橋でメコン川を越えることになるのだろう。プノンペンからホーチミンシティーに向かうバスは、いまでもフェリーを使って川を越える。何回かこのフェリーに乗ったことがある。圧倒される川幅に、メコン川を実感したものだが、これからはあっという間に橋を使ってメコン川を越えてしまうのだろう。

「あと五分ぐらいでイミグレーションです」

ガイドの青年が伝えてくれた。時計を見ると午後四時をまわっていた。

簡単な船着き場だった。天気雨が降るなか、川岸の石段をのぼった。

「……?」

そこは寺の境内だった。二匹の犬が日陰で寝そべっている。脇の建物のなかから、カンボジアの民謡も流れてくる。その前には菓子も並べられている。なにかの祝いごとがあるようだった。

どこへ行ったらいいのかわからず、パスポートを手にしたまま立っていると、ガイドの青年が、本堂の横にある建物を指さした。そこがイミグレーションだった。しかしそれは、どこから眺めても寺の施設だった。イミグレーションを装うために窓口はつくってあるのだが、そこに僧が座っていてもなんの違和感もなかった。これまでさまざまなイミグレーションにパスポートを出してきたが、寺のなかにあるイミグレーションははじめてだった。日本では「小乗仏教」と呼ばれている上座部仏教に則《のっと》って審査をするわけではないのだが、なんとなく細かなことは見逃してくれそうな気になってくる。カンボジアでは出国を拒否されるようなことはなにもしていなかったが……。

審査は気が抜けるほど簡単だった。ビザを確認している風もなく、スタンプを捺《お》してくれた。

船は対岸に向かうものとばかり思っていた。メコン川が国境だと思っていたのだ。世界にはさまざまな国境があるが、川を境界にしているところは少なくない。ところが船は一、二分、岸に沿って進むと再びエンジンを切った。

「ベトナムのイミグレーションです」

「はッ？」

どこに国境線が引かれているのかわからなくなってしまった。ガイドの青年は全員のパスポートを集めると、先頭を切って階段をあがっていった。僕らも続いたが、土手をあがったところにある待合室に座るようにいわれた。

大きめの窓から周囲の様子を見ることができた。右側を褐色の水を湛《たた》えたメコン川が流れている。川に沿って道があり、その途中に水門が見え、そこに旗が立っていた。カンボジアとベトナムの国旗だった。ここが国境だったのだ。カンボジアとベトナムの境界は、メコン川を横切るように引かれていた。

ほどなくしてガイドがパスポートを手に戻ってきた。すでに入国スタンプが捺されていた。

ベトナム入国の手続きがやや煩雑《はんざつ》だったことはすでに話した。ビザが必要だった頃、陸路で出入国する場合は、そのポイントが書き込まれていなければいけなかった。その後、日本人はビザの必要がなくなり、最近では出入国カードも省略された。しかしベトナムを出る航空券の提示が必要だった。それを知らない観光客が、ホーチミンシティーやハノイの空港のイミグレーションで慌てる話は何回か聞いていた。しかし僕らは、その航空券を提示する必要もなかった。陸路で出国するつもりだから、提出しろといわれても困るのだが、そんなやりとりはなかったようだった。ガイドの青年が手続きを代行してしまったのだ。ベトナムという国は、出入国のルールを、飛行機でやってくる人に限定しているようなところがある。陸路で出入国する僕はそのルールから除外されているようで、一抹の寂しさはある。まっとうな観光客として見てくれないこともときどきある。妙なルートばかり通るからなのかもしれない。その種の冷遇に驚くことはないが、若干の疎外感はある。いろいろいうとやぶへびだから、黙って静かに旅をしているのだが……。

船に戻ると、先端ではためいていた旗がひとつ消えた。それまではカンボジアとベトナムというふたつの旗が揺れていたのだが、カンボジアの旗がとりはずされた。

「これから一時間ぐらい走ってチャドックです」

日がゆっくりと落ちていった。しばらくメコン川をくだると、船は西に旋回し、運河のような水路に入っていった。といっても幅は三、四十メートルはある。干した魚のにおいが漂い、漁船が岸につながっている。

このあたりになると、メコン川は何本もの川に分かれていく。メコンデルタに入ってきたのだ。メコン川はプノンペンの少し南で、すでにふたつの流れに分かれていた。ひとつはメコン川の本流、もうひとつはバサック川と呼ばれていた。チャドックはこのバサック川に面していた。船の所要時間を考えれば、バサック川をくだったほうが早いのだが、このルートにはイミグレーションがなかった。船はメコン川の本流をくだるしかなかった。その先はどうなるのかと思っていたが、メコン川とバサック川をつなぐ運河のような川があったのだ。

しだいに家が増えてきた。質素なつくりだが、高床式ではなかった。メコン川を流れくだる途方もない水塊は、メコンデルタでいくつかの支流に分かれ、分散していくのだろう。

シェムリアップの脇にあるトンレサップ湖は、その調整池の役割も果たしている。僕らが出合った洪水で、メコンデルタは冠水を免《まぬか》れているのだ。台風がくると、海に近いこの一帯は、逆から水が押し寄せることで大きな被害に遭うというが、少なくとも、メコン川の水からは守られていた。そういう場所に、チャドックの街は広がっているのだ。

運河に夕日が揺れていた。遠くにネオンの灯が見えてきた。あそこがチャドックらしい。

コラム

中国との蜜月とフン・セン首相の独裁色

カンボジアでは、フン・セン首相の長期政権が続いている。本書を書くために訪ねた二〇一三年、首相はフン・センだった。彼が実質的なカンボジアの首相になったのは、一九八五年。以来、ずっと首相を務めている。その在職期間は、世界でいちばん長い。フン・センが首相になったとき、カンボジアはまだ、内戦中といってもいいような状況を引きずっていた。そんな時代には強い指導力が必要かもしれないが、カンボジアが安定してくると、彼の独裁色が浮かびあがってきてしまう。最近では、息子を後継者にしようとしている動きすらある。

フン・セン首相の独裁色は、コロナ禍のなかでさまざまな不協和音を生んでいる。フン・セン首相の中国寄りの政策は世界に知られている。「カンボジアは中国の属国」とまでいう専門家もいる。

彼はもともとアメリカを嫌っていた。彼の資金源にはいくつかの疑惑があった。アメリカはそれを追及しようとしていた。そのなかで中国との親密な関係ができあがっていったといわれる。カンボジアが成長していくには、海外からの援助が必要になるが、中国に近づくことで、アメリカの影響力から離れようとした。カンボジアの経済成長をみれば、それはかなりの効果をあげているように映る。

しかしそれは政治の話。カンボジアの庶民や僕のような旅行者にしたら、フン・セン首相がすり寄る中国との関係は、ときに不快さを生むことになる。新型コロナウイルスの感染症が広がるなかで、ときに声をあげたくなる人たちもいる。

カンボジアにやってくる中国人の態度はやはり不遜だ。属国のように誤解している人もいる。金でなんとでもなるという態度をとる人もいる。たとえばレストラン。食事の後、平気で中国元を出す中国人は少なくない。

二〇二一年六月現在、新型コロナウイルスの水際対策として、カンボジア政府は、入国した人全員に二週間の強制隔離を義務づけている。外国人の場合、その費用のデポジットとして二千ドルを払う。

ホテルの部屋から一歩も外に出ることができない隔離は誰しもつらい。ところが中国人は、隔離ホテルのスタッフに賄賂を渡し、街に出てしまっていた。

それだけなら大きな問題にはならなかったが、彼らが広めたとわかるクラスターがプノンペンやシアヌークビルで起きてしまう。ホテルを抜け出し、タクシーで移動しようとした中国人が検挙される事件も起きている。

カンボジアのコロナ対策は厳しい。完全なロックダウンが敷かれる。国民はその環境のなかで耐えなくてはならない。その原因がすべて中国人というわけではないが、一因になっていることはたしかで、カンボジアの人々は、中国人に対して文句のひとつもいいたくなってしまうのだ。

幅の広い立派な道路に沿って広がる工業団地、メコン川に架かる橋……。その多くが中国からの資金に頼っている。国境近くにあるカジノの客の大半は中国人だ。アンコールワットのあるシェムリアップでは、新空港の建設が進むが、それも中国企業……。

インフラや経済を考えれば中国の存在は欠かせないが……。

フン・センが首相でいるかぎり、カンボジアと中国の蜜月は変わらない。フン・セン首相は、反対派の逮捕や批判的なマスコミへの圧力を強めている。

第3章　南から北へ、ベトナム縦断

気がいいだけのおじさんだった。船着き場で客を待つ自転車力車の車夫のひとりだったのだが、バスターミナルに行きたい、というとしっかりと頷《うなず》き、料金は一ドルという交渉も成立し、着いたのはホテルの前だった。

「ホテルじゃなくて、バスターミナル」

おじさんはまったく英語がわからなかった。道行く人に、「ホーチミンシティー」とか「バスターミナル」と連呼してみるのだが、なかなか理解してくれなかった。なぜなのかはわからないのだが、ベトナムの地方都市では、このバスターミナルという英語がほとんど通じなかった。バスで北上していった僕らは、そのためにずいぶん苦労することになる。

それでもなんとか力車のおじさんに説明してくれる人がいて、力車は日もとっぷりと暮れたチャドックの街のなかを走った。連れていかれたのは、車の修理工場のような店だった。そこに乗り合いバンが一台停まっていた。この車が翌朝、ホーチミンシティーに向かうようだった。力車のおじさんは、うれしそうな面もちで一ドル札を受けとった。

ホーチミンシティーまでのバス代は十八ドルだった。メコン川をくだってベトナムに入国したが、港には両替所もATMもなかった。手もちのアメリカドルで支払ったが、釣りはベトナムドンである。社会主義型の計画経済が破綻《はたん》寸前まで追い込まれ、市場経済をとり入れた開放政策に舵《かじ》を切ったベトナムだったが、その間に、年率六百パーセントを超えるインフレに見舞われた。物がないというのに、自由価格制を導入していったわけだから、それは当然のことだった。そのおかげで、一ドルが二万ドンを超えることになってしまった。街には五千ドン、一万ドン、十万ドンといった紙幣が流通している。一万ドンといっても、日本円にすると五十円ほどなのだが、紙幣にはゼロが四つもついている。ドル札を払っても、このやたらゼロが多い札が釣りとして返ってくることになる。バスの切符を売る男性も、まったく英語が通じないから、一枚の切符を買うためにやたら時間がかかってしまう。

チャドックでは英語がなかなか通じない。旧北ベトナムの人々が英語を理解してくれないことはわかるが、旧南ベトナムは違う。ベトナム戦争が最も激しかった時期には、五十万人を超えるアメリカ兵が南ベトナムに駐留していたのだ。この街にも多くのアメリカ兵がいたはずだ。ベトナム戦争が終わって四十年の年月が流れているが、その間に、これほどまで街から英語が消えていっていることに戸惑いすら覚える。ホーチミンシティーやハノイだったら、英語を話す若者もいて、なんとかなることも多いのだが、チャドックのような地方都市になると、とりつくしまがないのだった。

欧米人の姿も少なかった。マイナーな国境を通過するということは、そんな不自由さのなかで旅を続けることでもあった。夜も早かった。バス切符を買った後、近くのゲストハウスに荷物を置き、街に出たのだが、店の多くは店じまいをはじめていた。前日の夜、ネオンが眩《まぶ》しい一画で、二十四時間営業のバーの三階にある部屋に泊まっていたことと比べると隔たりがあった。それがベトナムでもあった。やっとみつけた食堂に入ると、欧米人がひとり、ビールを飲んでいた。

「夜七時をすぎても開いてる店はここだけだよ」

この街に三日いるという彼は、親切にそう教えてくれたのだった。

翌朝、朝八時に乗り合いバンは出発した。ほぼ満席だった。五分ほど走ったところで、水路のような川を越えた。そこから一キロも走らないうちに、また水路を越える。そこには小さな船が荷を積んで走り、中型の漁船が海から戻ってきたのか、接岸しようとしている。一見、水路のように見えるが、これらはすべてメコン川の支流なのかもしれなかった。いったいいくつの水路を越えていくのだろうか……。することもない車内で指を折りはじめていた。しかし一時間ほど走ったところで諦《あきら》めた。その間に十八の橋を越えていた。多すぎるのだ。メコン川は自ら運んできた栄養分を、ベトナムの大地にくまなく配るかのように、何百、いや何千もの流れに分かれていた。ひとつひとつの水路は毛細血管のようだった。

十時頃だったろうか。車は街道沿いの町のようなところで停まった。物売りが勢いよく乗り込んできた。ウズラの卵、ビニール袋に入れた小さなリンゴのような果物、串刺しにした焼き鳥……。車内は補助席まで一杯だというのに、それを乗り越え、声を嗄《か》らす。バンタイプの車だから、乗客は二十数人しかいない。そこに次々と物売りが乗り込んでくる。しばらくすると、数本の焼き鳥を手にした物売りを乗せたまま車が動きはじめた。フロントガラスの先に、褐色の大河が現れた。降りはじめた雨のせいもあるのだが、対岸は霞《かす》んで見えなかった。隣に座っている男性に、一応、訊《き》いてみた。

「メコン川?」

男性は静かに頷いた。

これまで見たこともない川幅のメコン川だった。対岸まで二、三キロはあるかもしれなかった。メコン川は何百もの支流に水を分散させているというのに、本流はまだ膨大な水量を保っていたのだ。水の流れも速くなっているような気がした。ホテイアオイの塊が流れに乗ってどんどん動いていく。フェリーも大型だった。車両甲板には大型バスが四台にバンが数台、乗用車が十数台……その間を、もう数え切れないバイクが埋める。

こういう運河のような川を次々に越えていく。メコンデルタの旅の味わいです

ベトナムはバイクの国である。なにかすべての規模が大きくなってきた。人も増えた。大河の河口にくるということは、こういうことかもしれなかった。

車はホーチミンシティーに向けて走り続けていた。昼食の後の車内は急に静かになった。昼寝タイムに入ったらしい。本能に正直な人たちだ……などと呟《つぶや》きながら窓の外を見ていると、大きな橋が迫っていた。高い塔からワイヤーがのびる吊《つ》り橋型のつくりだった。

「カントー橋……」

何年か前、新聞かネットの記事で読んだ記憶があった。この橋は日本の援助で建設されたが、その途中で事故が起き、完成が大幅に遅れたのだった。その記事にはたしか、メコン川に架けられた橋だと紹介されていた気がする。いや、僕が勝手にそう思い込んでいたのか。この川も巨大だった。幅は二、三キロになるだろう。メコン川の本流だといわれても素直に受け入れられる。では三時間ほど前にフェリーで渡った川はなんだったのだろう。隣の男性に訊いてみた。

「メコン川？」

男性は最初に渡った川を目にしたときと同じように頷いたのだった。

どちらもメコン川……。外国人には、それでいいのかもしれない。メコン川が枝分かれしているのだから、間違いではない。しかし地元ではそうもいかないだろう。「私の街はメコン川に面している」などという会話では、場所が伝わらないのだ。

後日、詳細な地図を見てみた。そしてバサック川はベトナムに入ってハウ川と名前を変えていた。カントー橋はこのハウ川に架けられた橋だった。メコン川は、プノンペンの南でメコン川とバサック川に分かれていた。メコン川は、ティエン川に変わっていた。このティエン川はさらにいくつかの川に枝分かれしていた。面倒なことに、ハウ川とティエン川は、チャドックの南で一度つながってもいた。もちろん、途中にはいくつかの水路があり、それぞれの水は交わっている。まさにデルタを流れる川なのだ。ベトナムに入ってからは、メコン川という名前の川はひとつもないが、全体がメコン川だった。

そこでまた悩んでしまった。チャドックを出発したバンは、どの道を通ったのかがよ

川幅も広いが、そこを越えるフェリーも大きい。流れが速いから、かなりの馬力のあるフェリーなのだろう

カントー橋で大河を越える。この橋だけを見ると、ベトナムが先進国のように思える立派さだ

くわからないのだ。デルタ地帯につくられた道は、川と同じように縦横にのびている。道がわからなければ、最初に渡った川は、ハウ川なのか、ティエン川なのかもわからない。

「まあ、とにかくメコン川ということにしておくか」

地図から視線をあげながら溜め息をついた。だから、この本の地図に示されたルートは、いい加減である。というか、メコンデルタの部分のルートだけ曖昧《あいまい》である。旅を描くもの書きには許されないことなのかもしれないが、メコンデルタに免じて眺めてほしい。それほど複雑な川の流れなのだと……。

カントー橋を越えた後も、バンは何本もの流れを橋で越えていった。ホーチミンシティーに近づくにつれ、橋が立派になっていった。コンクリート製につけ替えられつつあるらしい。大都市に近づいていることを橋が教えてくれる旅でもあった。

ホーチミンシティーのバスターミナルに着いた。午後の三時頃だった。しかしここがホーチミンシティーのどのあたりなのか、皆目見当もつかなかった。ホーチミンシティーでは、いつも安宿街であるデタム通り界隈《かいわい》に泊まっている。今回もそこに行くつもりだった。バスを降りると、バイクの運転手が駆け寄ってくる。

この街でバイクタクシーに乗ることはほとんどなかった。最近はだいぶよくなってきたが、バイクタクシーをめぐるトラブルは以前、よく耳にした。ぼられる程度ならいい

ドライブインには、ハンモックを吊るした休憩スペースが。ベトナムのトラック運転手はここで昼寝。優雅です

が、人気《ひとけ》のないところに連れていかれ、金を巻きあげられることもあった。そういう話が記憶に残り、ホーチミンシティーでは、バイクタクシーに乗るのは敬遠ぎみだった。

チャドックから乗ってきたバンの車掌がベトナム語で話しかけてきた。どうも、どこへ行きたいのか……と訊いているようだった。デタム、ベンタン……など知っている地名を口にした。ベンタンは街の中心にある市場である。このベンタンが通じた気がする。車掌は近くに停まっている路線バスを指さした。

バスの運転手に紙幣を見せた。

「これも五千ドンか……」

日本円にすると約二十五円である。

これまでも何回か路線バスに乗ってい

た。しかし乗ったのはすべて百五十二番という空港と市内を結ぶバスだった。それが五千ドンだったのだ。市内の路線バスは、五千ドンという運賃をベースにしていた。

空港から市内へ行くのにバスに乗ったのは、その安さもあったのだが、それ以上に、タクシーの質の悪さが原因だった。空港で客を待つタクシーの多くは、なかなか運賃メーターを使ってくれず、三十万ドンとか四十万ドンといった運賃をふっかけてくるのだった。これは外国人だけでなく、ベトナム人でも同じだった。そこで自衛の道を探ることになる。ホーチミンシティーを走るタクシーには、きちんとメーターを倒してくれるタクシーは多い。それはヴィナサンとかマイリンといった会社だった。それに乗れば問題はなかった。そこでベトナム人たちは、ぞろぞろと階段をあがって、三階の到着階に向かうことになる。目的は空港まで客を乗せてきたタクシーに乗り込むことだった。僕もその後を追った。しかしそこで、敗北を味わうことになる。メーターを使ってくれる「正直タクシー」を選んで乗るという切磋琢磨《せっさたくま》を繰り返しているホーチミンシティーっ子は、遠くからスロープをのぼってくるタクシーを瞬時のうちに見分け、タクシーが停まりそうな場所に向かって走るのだ。そのスタートダッシュで完全に後れをとってしまう。彼らのタクシーを見分ける能力は半端ではなかった。ヴィナサンとマイリンが「正直タクシー」なのだが、なかにはそのロゴマークを似せた姑息《こそく》タクシーもいて、それまでみごとに見抜くのだった。

ホーチミンシティーのバスターミナルに着いた。バスの台数に、この街の規模を教えられる

一歩、街へ出ると、ホーチミンシティー名物、バイクの洪水。この道を歩いて渡ることができるようになるまで２日はかかる

南国の熱気が渦巻くホーチミンシティーの空港の三階で、

「これは勝てないな」

と天を仰ぐことになる。かといって一階に降り、ぼったくりタクシーの毒牙《どくが》にかかるのもくやしかった。そこで残った選択肢が路線バスだったのである。

アジアのさまざまな街を歩いてきたが、ホーチミンシティーは、路線バス網がなかなか発達しなかった。それは政府や市の怠慢なのか、バイクが増えてしまったからなのかは、鶏と卵の関係である。もしベトナムでバイクブームに火がつかなかったら、公共の乗り物への需要は高まっていったはずだ。道を埋める夥《おびただ》しい数のバイクが、バスを押しのけてしまった感もある。

ホーチミンシティーの市民はそれでいいかもしれない。しかしバイクをもたない外国人観光客には困るのである。ホーチミンシティーのタンソンニャット空港から「正直タクシー」に乗っても、安宿街のデタム通り界隈までは十三、四万ドンがかかる。七百円前後といったところだろうか。アジアの諸都市に比べるとそれほど高いわけではないが、コーヒー一杯が七千から一万ドンという物価感覚からすれば、やはり高かった。

だがホーチミンシティーの人々のなかに、空港から市内までバスで行くという発想はあまりなかった。バスなんて……とよくいわれた。バスに頼らない生活だったのだ。しかし外国人の僕は、タクシー戦争に勝ち残れないのだから、バスに乗るしかなかったの

子供の頃からバイクに慣れ親しんできたベトナム人ならではの昼寝。熟睡してました。みごとです

だ。

　はじめて乗ったのは三年ほど前だった。かなり緊張した。システムがわからなかったわけではない。たまたま前の座席に座ったことがいけなかった。フロントガラスの下に、無数のヘルメットが見えるのである。信号でバスが停まると、その前に次々とバイクが入り込んでくるのだ。信号が青に変わり、バスは前進するのだが、バイクを数台、轢《ひ》いてしまったように思い、つい掌《てのひら》を握ってしまう。バス停に停まるときも怖かった。バスは道路脇に寄っていくのだが、しだいに狭くなる隙間《すきま》に、つつーッとバイクが入り込んでくる。つい目を閉じてしまう。「やってしまったか……」と目を開けると、前方に、そのバイクが走っている。そんなことを繰り返しながら、進んでいく

のだ。事故を起こしたところで、僕には責任がないから気にしなくてもいいのだが、やはり身を硬くしてしまった。

バイクのハンドルを握る人たちの意識のなかに、バスというものが入り込んでいない気がした。道を走るのは、せいぜい普通の乗用車までなのだ。それほど路線バスの数が少なかったということなのかもしれなかったが……。

空港を出発したバスは、五十分ほどでベンタン市場に着いた。乗り終えてみれば普通のバスだった。ワンマンスタイルで、乗車口の料金ボックスに五千ドン紙幣を入れると、運転手が切符をくれた。車内は少し寒いぐらいに冷房が効いていた。バンコクの路線バスに比べたら、ホーチミンシティーのほうがまだまともだった。勝手に道端に停め、路上の売店から運転手がアイスコーヒーを買うあたりはアジアの路線バスだったが……。

しかし空港から市内に向かう百五十二番以外の路線は乗ったことがなかった。路線がまったくわからなかったからだ。

チャドックからのバンが到着したターミナルで教えられたバスは、二桁の番号が振られていた。知らない番号だが乗ってみることにした。間違えても約二十五円である。どこを走っているのか、まったくわからなかったが、車内は冷房が効いていて快適である。三十分ほどバイクを掻《か》き分けて走っただろうか。やがて見覚えのある風景が現れ、僕らはベンタン市場でバスを降りた。

「路線バスの地図さえあれば、乗りこなせるかもしれないな」

バスを降り、デタム通りに向かって歩きながら呟いていた。

翌日、ミエンドンのバスターミナルまで路線バスで行ってみることにした。ホーチミンシティーに着き、日本人の知人にバスマップについて訊いてみた。ベンタン市場のバスオフィスにあるかもしれない……と寄ってみてくれた。最後の一枚だったという地図を手に入れてきてくれたのだ。無料で配られているものなのだが、品切れになることが多いという。

「これがあれば、もう怖いものなしじゃないですか。ホーチミンシティーの路線バスを制覇したようなもんですよ。ハッハッハ」

しかしデタム通りの路地裏にある安宿の硬いベッドの上で路線図を開いた僕の面もちは一気に色を失っていってしまった。

わからないのだ。

難しいのである。

この種のバス路線図の見方は、かつてのバンコクで鍛えられているはずだった。まず目的地を探し、その付近に記されているバス番号を辿っていく。逆にバスに乗る地点から追いかけていってもいい。バスはどの道を走るかわからないから、さまざまな可能性を考えなければならない。方向がずれていけば、「このバスはダメだ」とメモする。こうして一本、また一本とバス路線を調べていくわけだ。根気のいる作業だが、この方法でしか、乗るバスをみつけだすことはできなかった。まずミエンドンバスターミナルからの路線を辿ってみた。しかし、バスに乗る予定のベンタン市場に着くバスは一本もみつからなかった。気をとり直して、ベンタン市場からの路線を探してみた。それぞれ十路線以上のバス番号を追っていったのだが、ふたつの地点を結ぶバスはひとつもみつからなかった。

「ふーッ」

ベッドに横になる。かれこれ一時間以上、路線地図と格闘していた。

「このふたつを結ぶバスがないってことだろうか」

「ミエンドンバスターミナルは、かなり大きなターミナルなんでしょ。ないはずはないと思うんだけど」

阿部カメラマンは無責任なことをいう。ベンタン市場からのバスを探しているからみつからないわけで、別の地点で乗り込めばいいのだろうが、道に不案内な身にしたら、砂漠で川筋を探すような気分に陥るのである。

根気の問題なのか、アジアの人々に助けられて旅を続けてきた経験がそうさせてしまうのか……僕は路線図をたたんだ。

「ベンタン市場のバス乗り場で誰か教えてくれるでしょ」

中華街、チョロンで見かけた日本ブランド洗剤のキャンペーンガール。
自分たちで着物を着るとこうなります

「……」

阿部カメラマンには、これまで何回となく、僕の旅に同行してもらった。ということは、こういう性格にもつきあってきてくれたわけだ。現地に行けばなんとかなるでしょ……という場あたり的な対応で、どれほど痛い目に遭っているのか……彼がいちばんよく知っているのだ。ジョージア（旧グルジア）のトビリシでは、列車があるものとばかりに駅の窓口に向かい、すでに運行が終わっていることを知って焦《あせ》ったことがあった。ユーラシア大陸の東端からヨーロッパの西端まで、列車で向かうという旅だったから、もう目もあてられなかった。乗る電車やバスを間違えることは旅の日常でもあった。つらつらと考えてみれば、現地でもどうにもならなかったことのほうが多かった気がするのだが、そういうことはいっこうに記憶に留まらない性格だから、性懲《しょうこ》りもなく、「誰かが教えてくれるでしょ」などと口にしてしまうのである。

翌日、ベンタン市場のバス乗り場に向かった。作業員のような制服を着た係員のおじさんの前で地図を開いた。

「ミエンドン？　四十五番さ」

瞬時にバス番号が出てきた。さすがに係員だった。「現地へ行けばなんとかなる」と確信を強めたものだったが、日射しが照りつけるパイプの上に腰をおろして五分、十分と待つうちに、「やはりどうにもならないかもしれない」という不安が頭をもたげてく

チョロンには、この街の基礎をつくった華僑、クアック・ダムの家（正面）が残っていた。戦争をかいくぐった家だ

暑いホーチミンシティーの午後。すぐ上半身、裸になるのは、中国系ベトナム人。中国の血を引いています

るのだった。頼りにはならなかったが、することもないので地図を広げると、中華街であるチョロンの近くの道に、「45」というバス番号をみつけてしまった。チョロンはベンタン市場から眺めると逆方向である。ひょっとしたら、チョロンとミエンドンのバスターミナルを結んでいるのかもしれなかった。しかし「45」を辿っていってもミエンドンバスターミナルに近づいていくことはなかった。

「ひょっとしたら、あのおじさん係員が間違えている？」

そうも思えるのだった。ベンタン市場のバス乗り場には、案内所のようなオフィスがあった。そこへ行けば、正しい路線がわかるかもしれない……と腰をあげると、係員のおじさんと目が合ってしまった。そこに座っていろ、と手で合図を送ってくる。それを無視してオフィスへは行きにくい。おじさん係員を信ずるしかなかった。

それから二十分ほど待っただろうか。満を持したように四十五番のバスが姿を見せた。運賃は五千ドンだった。バスは市街地を抜け、二、三十階建てのビルが並ぶ郊外団地の間を走っていった。やがて、何台ものバスが停まるバスターミナルが見えてきた。四十五番のバスでよかったのだ。やはり現地に行けばなんとかなるのがアジアだった。その確信を揺るがしたのはバスの路線地図だった。路線の変更や増加に追いつかないのだろうが、ホーチミンシティー市民、いやベトナム人がこういった情報をあてにしていない空気も後押ししていた。誰も信じないのだから、つくる側に熱意もない。こういうものを頼ってしまった僕がいけなかった。

「ベンタン市場で待っていたとき、思ったんですけど、ホーチミンシティーの路線バスって、終わるのが早くないですか」

　ミエンドンのバスターミナルに着いた僕らは、入口の階段に腰かけていた。

「早い？」

「たぶんそうだと思うんだけど、運行時間が十八時までって……」

「そう、一度、夕方にホーチミンシティーの空港に着いて、バス乗り場に行くと、バスは停まってるんだけど、運転手がいないんだよ。待っていると、係の人がきて、バスは六時半までだっていわれたことがある。しかたなくタクシーに乗ったけど」

「これだけの街で、路線バスが夕方六時に終わっちゃうのもね。だいたい通勤や通学に使えないじゃない。残業をしたら、タクシーかバイクタクシーで帰らなくちゃならなくなる」

「バイクが増えちゃうわけだよな」

「日が落ちると、バイクが見えにくくなるんじゃないかな。バスの前をぎっしりと埋めるバイク……暗いとかなり見づらいですよ」

「結局は鶏と卵……。でも、そういう問題じゃないかもしれない。ただ単に路線バスは日暮れまでっていう不文律がベトナム人のなかにはあるのかもしれない。社会主義の国だからかね。運転手や車掌は公務員だろうから、市民へのサービスより、仕事を早く終えることを考える」

後日、知りあいに訊くと、ホーチミンシティーの人々の苦情がいくつも寄せられ、路線によっては、八時頃まで走るようになったというのだが……。

路線地図と運行時間……。路線を増やすホーチミンシティーのバスは、やはりベトナムだった。社会主義と詰めの甘い性格がないまぜになって、バイクの海を走っているのだ。

ミエンドンのバスターミナルに行ったのは理由があった。バンメトートまでのバス切符を買うことが目的だった。

ベトナムからラオスに抜けるつもりでいた。いくつかの国境が開いていた。ベトナム側からラオスに向かうバスが出るのは、南からフエ、ドンホイ、ビン、タンホア、ディエンビエンフーなどだった。そこからバスは西に向かい、ラオスに入国することになる。僕が知る限りでは、七つの国境が開放されていた。それぞれのポイントを地図で眺めては、景色を想像していた。どの国境もマイナーな世界だった。ベトナムの地方都市からラオスに向かうのは、地元の人々か国境を陸路で越えていくことにはまってしまった国境オタク系バックパッカーに限られていた。まあ、人のことはいえないのだが。

気になる街があった。ディエンビエンフーだった。有名な激戦地である。日本が太平洋戦争に敗北した後、ベトナム軍はこの街でフランス軍に勝利し、その後、一九五四年のジュネーブ協定で、ベトナムは北ベトナムと南ベトナムに分断されていくのだ。

ディエンビエンフーは、ハノイの西、ラオス国境に近い街である。南北に千五百キロあるベトナムを縦断しなくてはならなかった。ひたすら北上し、さらにハノイから西へ四百キロの道のりが待っていた。

ホーチミンシティーから、国道一号線を北上してハノイをめざすルートを考えた。ベトナムの幹線である。運行するバスも多い。

しかし途中のバンメトートには寄りたかった。

バンメトートは、ベトナム中部の高原地帯にある街だった。ベトナムコーヒーの一大集散地である。ベトナム有数のコーヒーチェーン店『TRUNG NGUYEN』の本社もバンメトートにあった。

十年ほど前、この街を訪ねていた。本場のコーヒーを飲んでみたかったのだ。苦みを甘さが追いかけてくる味は本物だったが、僕はこの街であるにおいに出合い、刷り込まれてしまっていた。

街の郊外にはコーヒー畑が広がっていた。コーヒーの木は、二センチほどの白い花を満開の桜のようにつけていた。しかしその光景が網膜に届くと同時に、花のにおいが鼻《び》腔《くう》に辿りついていた。甘いが重いにおいではない。ジャスミンより甘く、ユリより軽いにおい……。畑一面がその香りに包まれていた。

においは不思議な記憶である。目か耳を通した風景や音とは違い、体の奥底にしまわれるように残る。しかしそこに刺激が与えられると、一気にふたが開き、怖いほど鮮やかな記憶が蘇《よみがえ》ってくる。

僕の体内には、コーヒーの花のにおいの記憶という箱があるはずだった。花が咲いていれば、そのふたが開くかもしれない。そんな期待があった。以前、訪ねたのは三月だった。調べると開花時期は十二月から三月だった。いまは十月である。早咲きの花があるかもしれなかった。

バンメトートは、ホーチミンシティーから見ると北東にある。ハノイへの道を考えたら寄り道になるが、逆方向ではない。バスの運賃は二十四万ドン、約千二百円だった。九時間ほどで着くという。

翌朝、バンメトート行きのバスに乗った。昼間のバスだったが、寝台バスだった。ここからディエンビエンフーまで、いやというほど、この寝台バスのお世話になる。北上するにつれて、つらさがしみ込んでくるバスだったが、まだこの時点では、

「お、寝台バスじゃん」

寝台バスの車内。一見、楽そうに体を横にしているが、これが意外に疲れるのです

などとのん気な面もちで乗り込んだのだった。車内には狭い通路が二本あり、その左右に二段ベッドが続くタイプだった。背は水平までは倒れなかった。百五十度ぐらいだろうか。少しでも多くの乗客を詰め込むための角度だった。背の下には後ろの乗客の足が入る構造なのだ。このタイプの寝台バスは中国で何回か体験していた。最初は腰を伸ばすことができ、楽ちん、楽ちんなどと呟いているのだが、二時間、三時間とすぎていくと、身の置き所がないような疲れに包まれていく。バスはときどきブレーキをかけるが、そのたびに、体が「ずりッ」、また、「ずりッ」と前にずれていく。やがて爪《つま》先《さき》が前の座席に触れ、再びバスのブレーキがかかると、体が「ずりッ」と動いて、

爪先が押され、「痛ッ」と声をあげてしまうのだ。そしてしかたなく、体を元の位置にずりあげるのである。夜中、これを繰り返していくわけで、熟睡というわけにはいかなかった。夜行バスは椅子型と寝台型がある。椅子型には背が一ミリも後ろに倒れない過激な夜行バスもあり、インドあたりでは平気な顔で走っている。しかしアジアの多くの国の夜行バスは、かなりの角度まで背が倒れる椅子型が多い。その倒れ具合が大きくなると、運賃があがり、「VIP」などという文字がボディに躍るようになってくる。椅子型に比べると寝台バスは眠りやすそうに思えるのだが、実際は、五十歩百歩だと思う。感覚的には、椅子型のほうがよく眠ることができる気になるときもある。

しかし昼間の寝台バスは快適なほうだった。眠る必要がないわけだから、ただ、だらだらとしていればいい。横になったままバスの揺れに身を任せていればよかった。バスはしだいに標高をあげていった。道はときどき未舗装になった。バンメトートに着いたときは、日もとっぷりと暮れていた。

翌朝、まずコーヒー畑に行ってみた。しかしにおいがインプットされているはずの僕の細胞は反応しなかった。枝にはコーヒーの実がぎっしりとついていた。直径二、三センチの実で、半分ほどが赤く色づいていた。収穫期を迎えていた。農夫たちは、木の下にシートを敷き、コーヒーの実を枝からこそげるように落としていた。別の枝を見ると、白いつぼみがついていた。コーヒーの木は不思議な木だった。枝によって周期が違って

これがコーヒーの花のつぼみ。色は白い。しかしつぼみは芳香を放たない。残念なことに

いた。実をつけた隣の枝には花のつぼみが育っているのだ。

しかしにおいはなかった。花が開かないと、あの芳香は漂ってこないらしい。いくつかのコーヒー畑をまわったが、みつかるのはつぼみだけだった。やはり少し早かった。

街に戻るしかなかった。気をとり直すようにー軒のカフェに入った。以前に比べれば、カフェの数はだいぶ増えていた。産地で採れたてのコーヒーを飲んでみたいという観光客が増えているのだろう。実は朝、僕らも一軒のカフェでコーヒーを飲んでいた。しかしほかの街とは流儀が違った。ホーチミンシティーでは、アルミ製のフィルターが、ガラスのコップの上に載せられて出てくることが多い。フィルターの目は細かく、コーヒーはぽたり、ぽたり……とコップに落ちていく。だいたい五分ぐらいはテーブルで待たなくてはならない。しかし、バンメトートでは、店の奥でコーヒーを淹《い》れ、コップにコーヒーが入った状態で出てきた。おそらく店の奥では、同じようにフィルターを使って淹れているはずだった。店の椅子に座って注文してから、ぼんやりと待つ五分……はその時間だった。

カフェには、バインミーというベトナム風サンドイッチもなかった。ベトナムのそばもない。コーヒーしかなかった。しっかりコーヒーを味わいなさい……というわけだ。どこか「コーヒー道」のようなものがカフェを包んでいた。

出てきたコーヒーは濃かった。そして苦かった。エスプレッソよりも重く、量も多かった。少しずつしか飲めないのだが、口に含むと、苦みのなかから仄《ほの》かな甘みが顔を出す。これがバンメトートのコーヒーというもののようだった。たしかにおいしい。しかし強くて重かった。一日二杯が限界……頑張って三杯といったところだろうか。

阿部カメラマンはコーヒーが大好きで、その味にもうるさいのだが、昼以降に飲むと、夜にあまり眠れないという体質のもち主だった。しかしそれは、普通のコーヒーの話である。いま、バンメトートで飲んでいるコーヒーは、その二倍以上のカフェインが含まれている気がする。

コーヒーの強さが気になったのは、その日の夜のバスで、ダナンに向かうことになっていたからだった。この日二杯目のコーヒーを啜《すす》りながら、このへんでやめたほうがいいかもしれない、などと考えていた。もう一杯飲めといわれても、胃が悲鳴をあげそうな濃さだったのだが。

午後の四時半に、バス会社のオフィスに来るようにいわれていた。

前日の夕方にバンメトートに着いたのだが、バスの終点はバスターミナルではなく、ホーチミンシティーとバンメトート間のバスを運行させているだけだという。近くにいた白タクの運転手に、「バスターミナルまで行きたい」と伝えたのだが、連れていかれたのは、マイリンバスのオフィスだった。マイリン社はベトナム全土で、タクシーやバスを運行させる大手の輸送会社だった。しかしこのオフィスを出発するのはダナン行きだけだった。

「ハノイ行きのバスがあると思うんだけどな。バンメトートはそれなりの街でしょ」

それは勘にすぎなかったが、ベトナムの長距離バスの密度からすれば、ハノイまで直行するバスがあるような気がしたのだ。しかし、「バスターミナル」という英語は、白タクの運転手も、マイリンバスのオフィスの女性にも通じなかった。白タクの運転手が機転を利《き》かせてくれた。近くのホテルまで連れていってくれたのだ。そのフロントなら英語が理解できるだろうと読んだのだった。英語は若干通じたが、やはり、「バスターミナル」は通じなかった。困って、バスが何台も停まっている図を書いた。阿部カメラマンはホーチミンシティーのミエンドンのバスターミナルの写真を見せた。

「……」

ぴんとこないようだった。バスとターミナルというそれぞれの英語は知っていた。しかしバスターミナルという単語になると、突然、霧がかかってしまうのだ。

「どういうことだろうか……」

「バンメトートには、バスターミナルがない？」

「いや、以前に来たとき、バスターミナルがあったような気がしたんだけど」

それ以上は話が進まなかった。結局、ダナン行きのバス切符を買うしかなかった。

そしていま、マイリンバスのオフィスにいた。時刻は午後四時を少しまわっていた。するとー台のバンがオフィスの前に到着した。ふたりの客がすでに乗っていた。このバンに乗るようにいわれた。市内の何カ所かをまわり、乗客をピックアップして大きなバスまで届けるらしい。バンはバンメトートのメイン通りを進み、脇道に入った。

「……ん？」

「あるじゃないですか。ここ、バスターミナルですよ」

バンはバスターミナルに停車していたマイリン社のダナン行きバスの脇に停まった。

何台ものバスが列をつくって停車していた。

「あるじゃないですか」

「左から二台目はハノイ行きだよな」

昨夜、ここに来ていたら、僕らはなんの問題もなく、ハノイ行きのバス切符を買うことができただろう。しかしなぜ、バンメトートの人たちは、このバスターミナルの存在を知らないのだろうか。いや、知っているのだろうが、長距離バスの切符を買うところではないと思い込んでいた。大型バスが待機するだけの場所……。ベトナムに入国したチャドックの街でもそうだった。バスターミナルといって連れていかれたのは、バス会社のオフィスだった。ひょっとしたら、チャドックにも立派なバスターミナルがあったのかもしれなかった。

切符売り場の窓口にいってみた。手にしていたバス切符を差しだし、ハノイ行きに変えられないか訊いてみた。

「バス会社が違うからだめですね」

ベトナムの長距離バスは、バス二、三台を使いまわす小さな会社で支えられている。それぞれがオフィスをもち、同時にバスターミナルも使っているからややこしい。

これは国営と私営の問題なのかもしれなかった。ベトナムは社会主義国である。ベトナム戦争が終わり、旧北ベトナムの社会主義体制が旧南ベトナムにも及んだ形の国になった。土地の国有化、計画経済、一党独裁といった政策を旧南ベトナムでも推し進めた。

しかし構造的な物不足とカンボジア侵攻に対するアセアン諸国の経済制裁などのなかで経済は破綻寸前まで追い込まれる。そこで市場経済をとり入れたドイモイに舵を切る。そのあたりから、東南アジアの流儀が入り込み、いったいどこが社会主義なのか判然としない社会が育っていった。長距離バスの世界でいえば、バスターミナルが国営の名残のような気がする。かつては国営のバスが使っていたのだろうか。国が運営するものはあてにならない……という感覚は社会主義国に共通した不文律でもある。外国人が長距離バスに乗るとなれば、私営バスのオフィスに連れていくことは、ベトナム流の「おもてなし」だったのかもしれない。いや、それ以前に、彼らの頭のなかからバスターミナルの存在が消えてしまった可能性もあった。

バスはまた寝台バスだった。ベトナムの寝台バスは土足厳禁である。乗車口にあるビニール袋に靴を入れて車内にもち込む。背もたれの後ろに靴を入れるスペースがある。ホーチミンシティーからバンメトートまでのバスで覚えたベトナム式寝台バスのシステムだった。

靴を入れたビニール袋を手に、運転手に切符を差しだした。運転手は座席表を眺めて、「俺についてこい」といった身ぶりで通路を進んだ。案内されたのは、最後部の上段ベッドだった。切符には座席の指定が記入されていたのだが。

最後部のベッドは通路がなく、横に五席分がつながっていた。広々としたスペースだ

最近はこんなポスターが多い。見えます？　背後に影のように描かれたホーチミン。ホーチミン主義です

った。

「ここにふたり？」

「今日は席が空いてるんだろうか。だから僕らを広いスペースに移してくれたのかね。でもラッキーだよな。ここならよく眠れそうじゃない」

　ひとり分の寝台の幅は広くなかった。寝返りもうてない狭さだった。しかし最後部は隣との仕切りもないから、左右に体を動かすことができた。ごろごろと横に転がることもできた。天国に昇ったような気分だった。

　しかしベトナムはそう甘くはないことを三時間後に知ることになる。夕食休憩を終え、車内に戻ると、僕らの席に若い男がふたり座っていた。なんとか五つつながった寝台の両側を僕と阿部カメラマンで確保した。

「これで広々としたスペースで寝ることも難しくなるな」

などと呟いていると、前からもうひとりの男が運転手に連れられて入り込んできた。五人用の寝台だから文句はいえないが、最後部の寝台は仕切りがない。隣に寝る男に触れてしまうのだ。これなら、いくら狭いといっても、ひとり分が独立している一般寝台のほうがはるかに快適だった。運転手は最後部席が空いていたので僕らの寝台と決めたのかもしれないが、途中から人が乗ってくることを考えなかったのだろうか。だが彼はおそらくこの路線を何回も往復しているはずである。ベトナム人というのは、実に場あたり的な民族なのかもしれない。

バスは発車した。すると隣の男がパソコンをとりだし、そこにとり込んだ映画を見はじめた。イヤホンをつけているので音は聞こえないが、明るい画面が視界に入るのだ。ハリウッドのコメディー映画だった。きっとベトナム語に吹き替えられているのだろう……。いや、そういうことではない。僕はヤッケのフードを頭からすっぽり被《かぶ》った。隣の男とは腕も足も触っている。これで、どれだけ眠れるのだろうか。

三十分ほどすぎた頃だろうか。隣の男がもそもそと動きはじめた。身を起こすと、通路に運転手が立ち、僕らが横になっているスペースにあがる梯子《はしご》に足をかけていた。

「なに――ッ」

バンメトートを出発したときは、最後部のゆったりスペースで余裕の表情。3時間後の状況は下の写真で

こうなってしまいました。ベトナムの旅は甘くないですなぁ……と呟くしかないでしょ？

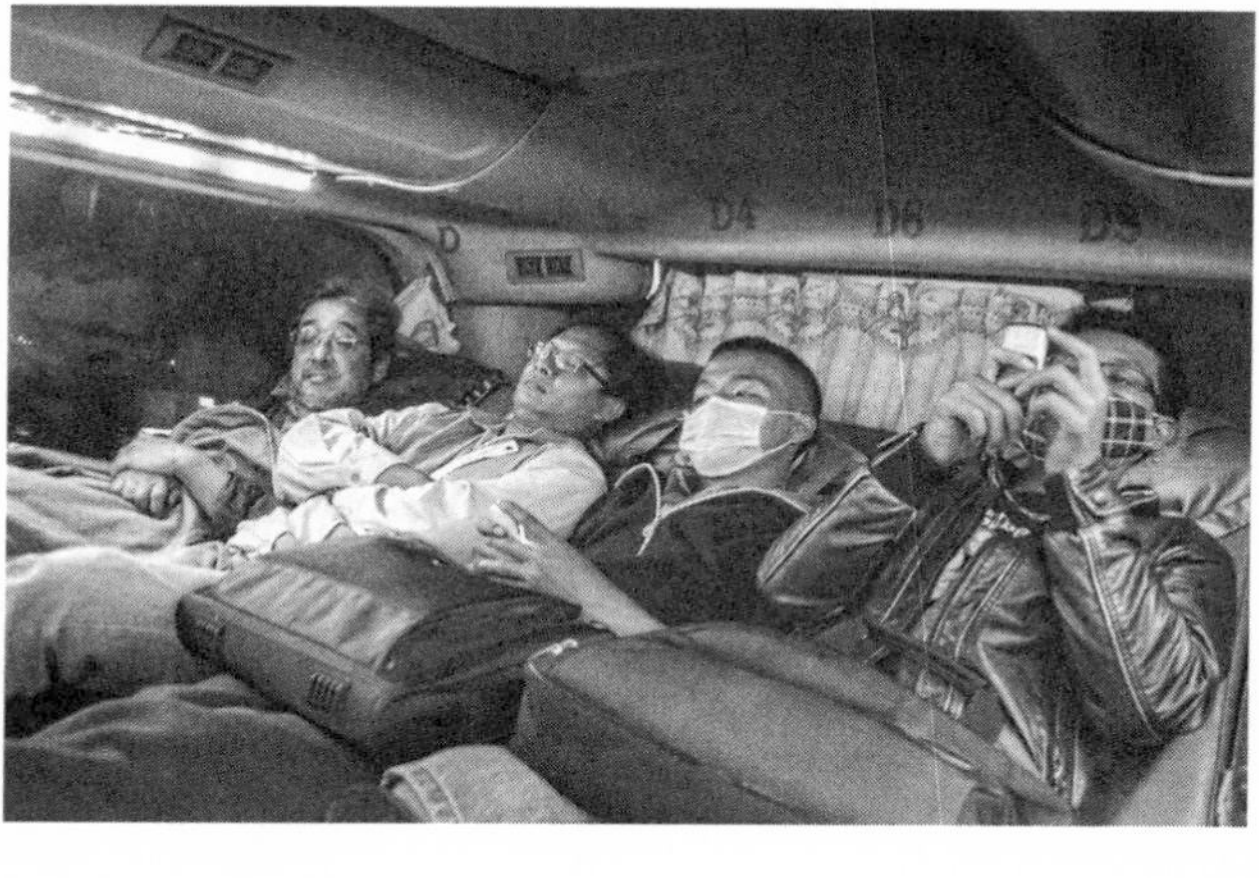

五人用の寝台に、運転手が加わり、六人で雑魚寝《ざこね》するというのだった。運転手はふたりの交代制である。安全を考えればありがたいことだ。だからといって五人用寝台に六人……。文句もいえず、すぐ上にあるバスの天井を仰ぐしかなかった。運転手と目が合った。ベトナム人らしい人懐《ひとなつ》っこい笑みが返ってきた。

「眠いよなあ」

「ぎゅうぎゅうでしたからね」

僕らはダナンのバスターミナルの待合室でぼんやりとベトナムの空を見あげていた。台風が迫っているようで、雲の動きが速かった。運転手が加わってからは、夏の山小屋状態だった。焼き鳥の肉のように互いの体が密着し、寝返りは夢のなかだけだった。それでも人というものは寝てしまうらしい。いや、僕だけなのか。朝方、靄《もや》に包まれた田の畔《あぜ》を歩くアヒルを眺めていると、隣の男から伝わる圧力が少し弱くなっていた。身を起こすと、運転手がいなかった。どこかで交代したらしい。

ダナンのバスターミナルには、何台ものハノイ行きのバスが停まっていた。昼から午後四時ぐらいにかけ、三十分から一時間の間隔で発車するようだった。運賃はひとり三十八万ドン、約千七百九十円だった。

席では少し悩んだ。ホーチミンシティーからバンメトートまでは上段だった。バンメ

タイヤの交換でしょうか。こういうときも、木の棒が登場するあたりは、ベトナムです（ダナンのバスターミナル）

出発前に安全祈願？　ベトナムは交通事故が多い国だ。１年間で１万人以上が死亡している（ダナンのバスターミナル）

トートからダナンまでは最後部の上段寝台だった。ダナンからハノイまでは十八時間ほどかかる。もちろん夜行になる。

下段を選んでみることにした。下段は両側の通路と同じ高さになる。落ちる心配はない分、安心して眠ることができるかもしれない。上段は荷物をベッドの上に置かなくてはならないから、寝るスペースが狭くなる。下段で荷物を通路に置くことができたら、ずいぶん楽だ。

正午に出発するバスの切符を買った。

一時間半ほど走ったバスは、ハイバン峠を越えた。列車で移動するときは、この峠からの眺めが人気だった。一度、乗ったことがあった。先頭にディーゼル機関車を二台連結し、急な傾斜をのぼっていく。スイッチバックもあった記憶がある。列車はぐんぐん高度をあげる。東側は急な斜面で、その下に打ち寄せる波は、岩に砕け、白い波頭を残していた。その向こうには、南シナ海がきらきらと輝いていた。

しかしバスは味気なかった。峠道ではなく、長いトンネルのなかを走った。トンネルを抜けると、フエまで四十キロという表示が出、やがてかつて北ベトナムと南ベトナムを分けた北緯十七度線を越えた。

のびやかな風景が広がっていた。水田には水が張られ、夕日がその上に筋を描いていた。メコンデルタと高原地帯という旧南ベトナムに比べると、旧北ベトナムのほうが稲

ハイバン峠のトンネルを抜けると、ベトナムらしい漁村が広がっていた。ちょっと寄り道したくなる村だった

北緯17度線を越え、バスは夕暮れのベトナムの穀倉地帯を進む。これ湖ではありません。水田です

作に向いた土地が多いようだった。

日が落ち、バスは北へ、北へとねばり強く走っていた。夜の七時を過ぎた頃から、ひとり、またひとり……と客が乗り込んできた。嫌な予感がした。通路を奥に向かった乗客は戻ってこないから、どこかに空き寝台があったのだろう。バスは一時間に一回ほどのペースで停まった。何回めかの停車で乗り込んできた男性客は、車掌にいわれ、僕の右横の通路に座った。鞄《かばん》を枕にするのか、後ろに置き、寒くないようにと薄手のジャンパーを着込み、さっさと横になってしまった。

それから一時間後、左側の通路に青年が乗り込んできた。

「……」

前夜と大差はなくなってしまった。三列の寝台に乗客が横になり、通路にひとりずつ男が寝ている。つまり横一列に五人なのだ。最後部寝台と同じ人数なのである。もっとも昨夜は、そこに運転手も割り込んできたのだが。違いといえば、僕が横になっている寝台には手摺《てす》りがついていた。それが通路に寝る人たちとの境界だった。ただそれだけだった。

ブレーキがかかるたびに、体は「ずりッ」と前に動いていく。前方の席だったせいか、追い越すときに鳴らす音も耳に響く。運転席の近くでは、人が動いている。もう午前一時だ。また人が乗ってきたのだろう。そのスペースをつくるために、通路で寝ている人

ハノイのホアンキエム湖。カメラ持参のナンパ青年かと思ったが、どうも写真だけ。ベトナム青年、健全です

が起こされている。

「眠いよなあ」

まだ暗いハノイのバスターミナルであくびをかみ殺す。午前五時。途中で見たハノイの公園では、初老の男性や女性がウォーキングや体操で体を動かしていた。その数は公園を一周する歩道を埋めるほどだった。ハノイのシニアも、健康に気遣うぐらいの余裕が出てきたんだ……などと寝不足の頭でぼんやり眺めていた。僕と同じぐらいの年齢なのかもしれなかった。東南アジアの人々は、強い日射しに晒《さら》されて生きてきたせいか、年をとると皺《しわ》が深くなる。ひょっとしたら僕より若いのかも……と考えてみる。悪玉コレステロールの値や尿酸値、そして血圧

……。運動が大切ですよ、と医師から諭《さと》される年齢である。僕もそうである。しばらく前、不整脈がみつかり、ワーファリンやメインテートを毎朝、飲まなくてはならなくなった。最近の検査で尿酸値が少しあがり、アロシトールという薬も加わってしまった。体は冷酷に老化の道を進んでいる。しっかり睡眠をとり、朝は体を動かし……という生活をしなければいけないことはわかっているのだが、二夜続きの夜行バスなのである。こういうバスに乗るもんじゃない、とは思うのだが、アジアの流れに乗っていると、つい揺れるバスのなかで眠れない夜に陥ってしまうのだ。

晴れやかな顔でウォーキングを続けるベトナム人のおじさんの顔を見る。家業は息子に任せ、余生に入っているのかもしれない。老後……という言葉は、僕にはあるのだろうか。ものを書く仕事は子供に継がせるようなものでもなく、旅と原稿を書くという仕事を辞めれば、その先にはなにもない。

「最近は、シニアのバックパッカーが増えてますからね。それなりに本は売れますよ」

編集者は、バックパッカーという肩書にシニアをつけて、新しい旅の企画をもち込んでくるのだった。

その勢いに乗せられて、旅に出てしまうのだが、やはりつらかった。年をとり、トイレも近くなった。ベトナムのバスは寝台型をとり入れるなど、それなりに進化は遂げているのだが、ひとりでも多くの客を乗せたいのだろう。「トイレは三、四時間に一回で十分だろ」などと、前立腺肥大や膀胱《ぼうこう》の筋力の低下など気にもしない年代の発想に支配されている気もする。だからトイレというものがない。バスが出発する直前、ひとりトイレに走り、
「だから若い国は困るんだよな」
などと呟きながら、勢いのないおしっこを眺めるのだった。

僕らは、ハノイからいったん帰国した。日本で用事があったのだ。再び、ハノイに戻ったのは、十二月の初旬だった。

ハノイからラオス国境に近いディエンビエンフーをめざした。このルートにはバス便しかなかった。飛行機はあるのだが、この旅の企画では、はじめからタラップははずされていた。

ディエンビエンフー行きの長距離バスは、ハノイのミーディンバスターミナルから発車した。運賃は三十七万五千ドン、日本円で約千七百七十円だった。ディエンビエンフーまでは約十二時間だという。

出発は午後五時四十分だといわれた。バスターミナルのなかからバスを探しだし、五時頃に車内に入ると、すでに半分ぐらいの寝台が埋まっていた。寝ている乗客もいる。エアコンだった。このバスが早めにバスターミナルに入ることを知っている地元の人た

ちは、涼しい車内で休むために出発の一時間以上前から乗り込んでいるのだ。

「どうせ夜は寝るわけだから、昼寝なんてしなくても……」

と彼らの寝顔を眺めて思ったものだったが、僕らはまだ甘かったことを四時間後には知ることになるのだ。僕らは上段の寝台を選んでいた。上段、最後部、下段と体験してきたが、混みあってくると上段がいちばん眠れそうな気がしたからだ。

発車時刻が近づくにつれ、次々に人が靴をビニール袋に入れて乗り込んできた。ベッドで寝ている男に切符を差しだして交替する人もいた。ベッドを追われた男は、それがあたり前のように通路に座った。寝台の切符がとれなかった人らしい。

バスがターミナルを出るとき、すでに満席だった。ベッドが埋まったという意味ではない。通路や運転席の後ろのちょっとしたスペースにも人が入り込んでいた。

しかしハノイ市内の道端で、さらに十人を超える人を積み込んだ。彼らは皆、通路に寝ることになる。通路は人ひとりが横になるだけの幅しかない。はじめ、少し足を曲げれば横になることができたが、そこに次々に人が乗り込み、混みあう通勤電車のように押し込まれていくのだ。足をくの字に曲げるだけでは人が入ることができず、ふたりが互い違いに重なりあうように通路に横になる。隣の人の足が脇腹あたりまで達する体勢である。そのなかに、僕らが乗り込んだときに寝台で寝ていた男もいた。彼はこの混み具合を知っていたのだ。通路組には若い女性もかなりいた。男性客と足が絡まるような体勢なのだが平気な顔だった。子供も多かった。三、四歳の子供がおしっこをしたいというと、母親はペットボトルの水を飲み干し、そこにおちんちんをあてていた。この混雑のなかでは、外まで出るのは大変なことだった。

「難民バスだな」

上段の寝台から高みの見物である。人が隣にいないことは快適だった。とはいっても幅は狭く、身を起こすと、すぐに天井に頭が触れてしまう高さである。しかし下の通路にひしめく人々は、あっという間に寝入ってしまう。人間はどこでも眠れるということなのだろうか。それともベトナム人の得意技なのだろうか。

長距離バスには食事休憩があったが、昼間のバスと夜行便ではシステムが違っていた。昼間のバスの昼食は、乗客が各自で注文し、料金はそれぞれが払うスタイルだった。ベトナムに入国し、チャドックからホーチミンシティーに向かったバンは、ドライブインのような店で停車した。僕らはフォーを注文した。ほどなくしてテーブルの上に、牛肉のフォーが出され、僕は箸《はし》をつけた。阿部カメラマンはフォーを撮影し、さて、食べるか……というタイミングで、バンのクラクションが鳴った。僕は半分ほど食べたところだった。

「早ッ」

バンの方向を見ると、乗客たちは食事を終え、乗車口あたりで煙草《たばこ》を喫《す》っている。僕らは慌《あわ》ててフォーをかき込むしかなかった。ベトナム人は、とんでもない早食いだった。僕は特別に食べる速度が遅いわけではない。新聞記者も経験しているから、人より早いほうだとも思う。しかし、ベトナムの人々は、それをはるかに凌《しの》ぐ早さだった。昔、ベトナムの北部で列車に乗ったことがある。駅のホームには、丼《どんぶり》めしにおかずを二、三品載せてくれる屋台型の食堂が店を開いていた。乗客たちは、二、三分の停車時間に、この丼めしを注文し、瞬《また》く間にかき込んでいた。その早さに呆然としたことを思いだしてしまった。

ベトナム人はおそらく、アジア一の早食い民族だと思う。

ベトナムのバスでは、これがトラウマになってしまった。ホーチミンシティーからバンメトートに向かうバスも、途中のドライブインで停車した。そのときも、乗客たちの食べっぷりを見ながら、大急ぎでかき込んでいた。

しかし夜行バスはスタイルが違った。食事代はバス運賃に含まれていたのだ。はじめて体験したのは、バンメトートからダナンに向かうバスだった。「夕食だ」と運転手に教えられ、バスを降りようとすると、ぎっしりとサンダルが入ったプラスチックケースが置かれていた。前にも述べたように、ベトナムの長距離バスは土足厳禁である。そんなバスの乗客への、食堂側のサービスだった。雑多なサンダルが放り込まれていて、左右が対のサンダルをみつけるのは難しかったが、バスは食堂の入口に停車するので、

長距離バスの夕食。このときは僕と写真右端の女性がご飯をよそう係。人の役にたてたようで少しうれしい

さしたる問題ではなかった。乗客たちの多くはまず、トイレに向かい、そしてテーブルについた。仕切り役は、バスの運転手や車掌だった。彼らに指示され、見ず知らずの乗客六、七人がテーブルを囲むことになる。

すると食堂の店員が料理を次々に運んでくる。ひとり用の定食ではない。皿や丼に盛られた大皿スタイルだった。豚肉と野菜の炒めもの、卵焼き、アヒル肉の煮込み、野菜炒め、漬け物、スープ……。ご飯茶碗が手渡され、ボウルに入ったご飯が届く。

乗客たちはまず、ご飯茶碗と箸をテーブル上にあるティッシュで拭《ふ》く。そしてハンカチ落としゲームのように、たまたまご飯が入ったボールが目の前に置かれた人が、皆から器を受けとり、ご飯をよそうのだ。続いてスープの器が前に置かれた人がそれをとり分けていく。こうして食事がはじまる。

料理は観光客を意識した野菜たっぷりベトナム料理とは違う庶民のものだった。さまざまな人が食べるから、定番家庭料理だろう。

この時間が楽しみになっていった。ベトナムの家を訪ね、料理をごちそうになっている気分だった。若い女性がよそってくれたご飯を受けとるときは手の動きがぎこちなくなる。ご飯茶碗が空になると、隣席の若者が視線を送ってくる。

「ご飯、もう一杯いる？」

せり出してきた腹を気にして一杯にしておこうかな……などという思惑は、ベトナム人の笑顔の前で霧散し、若者にご飯茶碗を渡してしまう。

「これを食べなさい」

おばさんはテーブルの向こうから視線を送り、卵焼きをとり分け、身を乗りだすようにして、ご飯の上に載せてくれる。どこの国もおばさんは強引である。

皆、みごとな食べっぷりだった。男性は三杯、女性も平気でお代わりをする。ダイエットなどどこ吹く風……といった光景なのだ。僕にはふたりの娘がいるが、家族で囲む食卓は、常にダイエットという圧力に支配されていた。茶碗に盛られるご飯は少なく、ときに食べないこともある。二杯などという姿を見た記憶はほとんどない。

そんな話をホーチミンシティーで働くベトナム人ＯＬにしたことがある。

「会社の男性とお昼に行くときは一杯にしてるけど……」

女性同士や家では二杯なのだ。

食べ方も早かった。早食いはベトナム人の男たちだけではないのだ。女性だから、がっつくような食べ方はしないが、見ていてほれぼれとしてしまう食べっぷりだった。

ベトナムは若い国だ。

皆、元気にご飯を食べている。

日本のテーブルとは、そこに漂うエネルギーが違った。全員の食べ方が太いのだ。高齢化が進む日本はさまざまな階層で食が細くなっている。老人の食は細く、シニア層はメタボを気にして食を細め、ダイエットに支配された若者の食も細い。先細りとは、つまりこういうことなのかもしれなかった。


激しい雨が降っていた。

ディエンビエンフーに着いたのは朝の六時半だった。

ディエンビエンフーは、ベトナムのなかで最も有名な戦闘地である。本格的な激戦は一九五四年に起きた。ベトナムを植民地にしていたフランスは、日本軍の侵攻で撤退したが、太平洋戦争が終わった後、再び上陸する。しかしベトナム軍の激しい抵抗に遭っていた。とくに北部では劣勢を強いられ、わずかにホン川流域を支配している状態だった。

フランスはこの形勢を逆転するために、ディエンビエンフーを占領する作戦に出た。制空権を確保していたフランス軍は、パラシュート部隊を日本軍がつくった空港に降下させ、ディエンビエンフー一帯の盆地を支配していく。対するベトナム軍は、周辺の山稜《さんりょう》から攻撃するという作戦をとる。熾烈《しれつ》な白兵戦が繰り広げられた。両軍合わせて一万人を超える犠牲者を出し、ベトナム軍の完全勝利で戦いは終わった。その後のジュネーブ協定で、ベトナムは南北に分断されていった。北緯十七度線以南にフランスは撤退し、ベトナム人の国である北ベトナムと、フランスの植民地、南ベトナムに分かれるのだ。

ベトナムはその後のアメリカとの戦争の勝利をも結びつけ、ディエンビエンフーの戦いを象徴化していった。

理由はその戦闘スタイルだった。フランス軍は、山稜地帯からの攻撃は不可能だと読んでいた。輸送車両が不足するベトナム軍は、大砲や高射砲などを山の頂までもちあげることはできないと分析したのだ。

しかしベトナム軍は徹底した人海戦術をとった。重火器を分解し、人力や自転車を使って山の頂まで運び、そこで組みたてたのである。一台の自転車で三百キロの兵器を運

激戦地だった丘からディエンビエンフーを見おろす。中央の道の先に飛行場。日本軍がつくったものだ

市内には戦車も放置、いや展示されている。屋根があるので、雨の日は格好のデートスポットになる

びあげた話は、いまでも語り継がれている。そこからひとつの美学が生まれる。

「重火器や航空機、輸送車両などの近代兵器が乏しくても、人民が力を合わせれば戦争に勝てる」

それはアメリカとの戦争に勝ったことで決定的になった。ベトナム版の精神主義である。中国の長征のベトナム・バージョンといってもよかった。ディエンビエンフーは、政府が描くアイデンティティの象徴の戦地になっていった。毎年行われる戦勝記念の式典が、ベトナムの辺境であるこのディエンビエンフーで行われたこともあった。

雨が降り続くディエンビエンフーの街を歩いた。A1、D1という激戦地の丘には、記念碑や当時の塹壕《ざんごう》、フランス軍の戦車などが残されていた。街を歩いていると、「お、ここにも」といった頻度で、高射砲が展示されていた。雨がかからないようにと屋根もかけられていた。街全体が、どこか軍事公園のような気にもなってくる。D1の丘から眺めると、墓地のような施設の整備が進んでいた。駆りだされているのは若い兵士だった。墓石の周囲に芝を敷きつめている。墓石に刻まれている年号は、すべて「1954」だった。つまりディエンビエンフーの戦いの犠牲者たちの墓だった。

この墓地の整備が終われば、ベトナム全土から、政府関係者や老兵が集まり、盛大な式典が行われるはずだった。

激しい戦闘が繰り広げられた丘の上から、ディエンビエンフーの街並みを眺める。や

ディエンビエンフーは山岳地帯。少数民族も多い土地。長い髪を結う女性たちが普通に暮らす街でもある

はりわからなかった。チャドックでベトナムに入国し、バスでここまで北上してきた。その間も、喉《のど》に刺さった骨のようにひっかかっていたことがある。それはベトナムという国の社会主義だった。ベトナム政府は最近、社会主義という言葉をあまり使わない。盛んにホーチミン主義を前面に出している。では、ベトナムは社会主義国ではなくなったのか……といえば、やはり社会主義の国である。ではどこが？と訊かれると言葉に詰まってしまう。

ベトナムはディエンビエンフーでフランスに勝ち、その後のベトナム戦争でアメリカに勝った。しかし専門家にいわせれば、それは、「勝ったのではなく、負けなかった」戦争だった。とくにアメリカとの戦いはその傾向が強い。

しかしベトナム政府はこの勝利を社会主義の勝利ととらえた。勝ったベトナムは、その後、大きな代償を払うことになる。戦争というものは、敗戦国を悲惨な状況に陥れてしまうが、戦勝国もまた大きな負担を背負ってしまうものらしい。

アメリカに勝ったベトナムはカンボジアに侵攻する。そこには中国の覇権主義への対抗という軸はあったものの、戦争に勝ったという自信に裏打ちされた選択でもあった。しかしこの侵攻に国際社会が反発し、アセアン諸国はベトナムへの経済制裁に舵を切る。ベトナム経済は、破綻寸前まで追い込まれていくのだ。その時代は、すでに触れたようにかつての北ベトナムの人をして、「北爆時代よりつらい」といわせるほどだった。人々は一日一食というひもじさを舐《な》めることになる。ドイモイという市場経済の導入は、国民にとってはやっと命がつながった政策だったが、社会主義を標榜《ひょうぼう》する政府にしたら苦渋の選択でもあった。

長く続いた戦争という時代、旧北ベトナムの人々は、「分かちあう社会主義」で勝利を手にした。しかし南北ベトナムが統一されたときから、社会主義はその輝きを失いはじめていくのだ。それが勝ってしまったことの代償だった。それは歴史の皮肉でもあった。

ドイモイのなかで、ベトナムは活気をとり戻していく。旧南ベトナムの人々のなかには、「元に戻っただけでしょ」と皮肉を込めた言葉を選ぶ人もいる。しかしベトナムは

ディエンビエンフーのビアホイ。５杯以上飲むと、翌日は頭痛だとベトナム人。質が悪いのか、飲み過ぎなのか

社会主義との不協和音を残しながら、経済成長の道を歩みはじめたのだ。

　夜行バスに乗り、皆で囲むテーブルで箸を動かす彼らの面もちには、経済成長を享受《きょうじゅ》する自信が宿りはじめていた。難民バスのような車内で眠り惚《ほう》ける彼らの顔は幸せそうだった。

　しかしディエンビエンフーは違う。社会主義が勝利に導いたという思想が、街全体に張りめぐらされている。この土地でフランスに勝ったばかりに、ディエンビエンフーはその役割を背負わされてしまった。

　ここが最後のベトナムの街だった。

　雨が激しさを増していた。傘など役に立たない豪雨である。ずぶ濡《ぬ》れになりながら、一軒のフォー屋に入る。まるで暖をとるようにフォーを啜りながら、激しく跳ねる雨脚を眺める。

明日、ラオスに向かうバスは、走ってくれるだろうか。

コラム　ポストコロナと経済成長の熱気

新型コロナウイルスの感染拡大を防ぐため、多くの国が一時的にせよ、鎖国状態に踏みきった。飛行機の運航を停止させ、陸路国境を閉鎖していった。本書の旅で通過していった国境も閉ざされていく。

世界の国々は、コロナ禍がこれほど長く続くとは考えていなかった。いち早く国境を閉めた背景には、しばらくすれば元に戻るという思いもあった気がする。

外国人観光客がぱたりと姿を見せなくなった東南アジアの国々。この旅で通ったタイ、カンボジア、ベトナム、ラオス、ミャンマーのなかで、その影響を最も受けたのがタイである。国の経済のなかで、観光収入に依存する割合が大きかった。

そのなかで期待するのは、自国の人たちの消費である。つまり内需。比較的うまくまわっているのがベトナムのように思う。

YouTubeなどでは、コロナ禍で寂《さび》れた風景がよく流れる。そのなかで、ホーチミンシティーのデタム通りを撮影したものがあった。この通りはホーチミンシティーでいちばんの若者向け繁華街といってもよかった。周辺にはゲストハウスも多く、外国人観光客のメッカでもある。そこから外国人たちがすっぽりと消えてしまった。動画はその通りを歩きながら撮っていた。

「なかなか賑わっている……」

というのが第一印象だった。暗くなったバンコクのパッポン通りやソイ・ナナとはまったく違った。

その動画には、外国人客が多かったときと同じようにレーザーライトが飛び交うクラブが撮られていた。相変わらず聞こえる音も大きい。しかしよく見ると、そこに外国人はいない。ベトナム人の若者だけなのだ。

それでもこれだけの賑わい……。ベトナムの経済発展は頼もしいぐらいだった。

本書で紹介している五カ国の経済力を比べると、タイが先頭を走り、次いでベトナム、カンボジア、ミャンマー、ラオスと続く。タイは経済成長のピークをすぎた感があり、いま経済成長のただなか……といったらベトナムだろうか。

その勢いを目のあたりにしたような感覚だった。ホーチミンシティーやハノイの街が、外国人観光客にそれほど依存していなかったことも大きいのかもしれない。

日本にいると、コロナ禍のなか、生活が苦しくなってしまったベトナムからの技能実習生の話題をしばしば耳にする。技能実習生の問題は、受け入れる日本の企業とベトナム人の思惑の違いが横たわっていた。というより、そのずれがわかっていながら、そこにふたをして進めた事業に映る。こういった政策は、うまくいっているときは表面化しないが、コロナ禍ではその矛盾が浮きでてくる。

しかし技能実習生になるには、資金が必要だ。百万円から二百万円が相場だ。それだけの金を使っても、日本で働き、そこで借りた資金を返済し、さらに二百万円以上の金を貯めることができるとベトナム人は読んでいる。その楽観性が高度経済成長というものなのだ。

ラオスやカンボジアをみても、そこまでの動きはない。

新型コロナウイルスは、やがて収束していくだろう。そこから世界の国々は、一気にアクセルを踏む。ベトナムはそこでパワーを発揮する気がする。

第4章　雨降り止まぬラオス山中

もう何分待っているだろうか。十分、いや十五分……。川に降りる坂道の途中にあるゲストハウスだった。とくにこの宿が知られているわけではなかった。ムアンクアの道で宿を探しながら、

「ここは眺めがよさそうじゃない？」

といった軽い気持ちで入ってみた。一階は土間のようになっていて、入口には横木が渡してあった。そこに腰かけ、宿の人が姿を見せるのを待っていた。一歩も足があがらないほど疲れているわけではなかった。

なぜ、ぼんやりと待ってしまったのだろうか。

今日の朝までいたベトナムなら、こんなことはしなかった。宿の入口で声をかけ、誰も出てこなかったら、すぐに別の宿を探した気がする。なにかのスイッチが入ってしまったらしい。

ラオスというスイッチ？

ムアンクアには昼頃に着いた。思っていたよりはるかに早かった。篠突《しのつ》く雨が降っていた。どうもこの町には、バスターミナルというものがないようだった。僕らは道端で降ろされ、その前にあった茶店風の食堂に入った。そばとコーヒーを頼んだ。

小柄な女性が運んできたそばは、ベトナムのフォーと微妙に違った。

「麺が少し違いますよね。フォーのようにつるつるしていない」

「やっぱりスープじゃないかな。牛のスープじゃない気がする。豚とか鶏とか……」

国が変わったことを確認したくて、阿部カメラマンとそばを啜《すす》る。

コーヒーはレベルが違った。ベトナムのそれは、たっぷりすぎるほどコーヒーの味が口のなかに広がるのだが、ムアンクアのコーヒーは、苦みとコンデンスミルクの甘みはあるのだが、コーヒーの味そのものが弱かった。豆の違いなのかもしれなかった。ベトナムのコーヒーのほうがはるかにレベルが高い。いま、口にしているコーヒーは、コンデンスミルクの味に負けてしまっている。

このコーヒーでスイッチが入ってしまったのだろうか。

山に囲まれたムアンクアの雨は気まぐれである。傘もさせないほど強い雨が路面に水しぶきをあげていたかと思うと、三十分後には空が明るくなったりする。それを合図に、店を出た。歩き方がどこか違っていたような気もする。速度が遅くなったわけではない。

どこか歩幅が広くなり、足の動きがスムーズになったような感覚だった。町を歩く人々の視線がベトナムに比べると、やはり柔らかかった。

ゲストハウスの入口で、二十分ぐらい待っただろうか。脇の扉が開き、中年の女性が姿を見せた。宿のおばさんだった。料金を訊《き》くと、六万キープ、約八百円だという。部屋は二階だと、鍵を渡してくれた。

このなんともいえない間はなんなんだろうか。僕らははじめ、何回も声をかけた。宿のおばさんがいたのは、入口に近い部屋である。ドアは閉まっているものの、聞こえないわけがなかった。実際、こうして僕らの前に姿を見せたのだ。しかしそれまで二十分……この間、いったいおばさんはなにをしていたのだろうか。

扉を開けて出てきたときも、表情ひとつ変えるわけではなかった。日本人なら、いや、普通なら、二十分も待たせたわけだから、申し訳なさそうな顔をするだろう。タイ人なら微笑みでごまかすところだろうか。しかし愛想笑いひとつするわけでもなかった。商売っ気というものがなにもないのだ。

僕らも二十分も宿の前で待っていたのだから、いろいろいえる筋合いではないかもしれないのだが。

今朝、バスは五時半に、ベトナムのディエンビエンフーのバスターミナルを出発した。

前日からの雨はいっこうに止《や》む気配をみせなかった。前夜、激しい雨音を耳にしながらベッドに横になった。雨粒が窓ガラスにあたる音がパンパンと響く。いつしか寝てしまったが、道路が土砂崩れで通行できなくなる夢を見た。正夢になったらどうしようか。ようやく明るくなってきたバスターミナルで、すでにラオス人たちがムアンクア行きのバスに乗り込んでいるのを見てほっとした。二十二人乗りの中型バスだった。欧米人バックパッカーも何人か乗り込んできた。ムアンクアまで十一万五千ドン、約五百四十円ほどだった。

視界はほとんどなかった。雲のなかを進んでいる気分だった。急な斜面をカーブを切りながらのぼっていることはわかる。一瞬、雲が切れると、周りの斜面には棚田がぎっしりとつくられていた。国境ぎりぎりまで開墾が進んでいる。

バスが坂道をのぼり詰めたのは七時すぎだった。そこから十分ほどくだると左手に建物が見えた。ベトナムのイミグレーションだった。殺風景な部屋で、パスポートに出国スタンプを捺《お》してもらった。列に並ぶ人々が手にしているのはラオスのパスポートだった。山深いラオスの辺境に住む人たちにとったら、ルアンパバーンや首都のビエンチャンに出るよりも、隣国のベトナムへ出たほうが早いのかもしれなかった。

この国境の通過も大丈夫そうだった。このルートが開かれて、そう年月は経っていない。国境の状況は、そこまで行ってみないとわからないところがある。パスポートをそ

山岳地帯の頂近く。霧のなかに突然、現れたベトナムのイミグレーション。ラオス人と一緒に国境を越えた

っと出し、無愛想な職員がスタンプを手にとると、肩の力がスーッと抜けるような感覚にとらわれる。タイ、カンボジア、ベトナムと歩き四つ目の国……。ここまではさしたる問題もなく通過してきた。そこから十分ほど山道をくだったところにあったラオスのイミグレーションでは、四ドルの金を要求された。正式な手数料なのか、イミグレーションの職員のポケットに入る金なのかわからず、一応、質《ただ》してみたが、あまり強くはいえなかった。国境を強行突破しようとしているのではないのだが、イミグレーションでの旅行者は弱者だった。僕はこれまで、イミグレーションでのトラブルを何回か味わっているから、そのトラウマもある。元々、潔癖な性格ではないから、汚れた金であ

ってもスタンプを捺してくれるというなら財布に手が伸びる。

「四ドルか……」

呑み込むしかなかった。

そこからバスは坂道を転がるように谷底に向けて進んでいった。雲に国境などないから、ディエンビエンフーからの山道を覆《おお》っていた雲は、ラオス側にも横たわっている。視界はあまりきかないのだが、カーブの曲がりぐあいとブレーキで傾斜が体に伝わってくる。対向車がほとんどない道だった。中型バスは、我がもの顔で山をくだっていった。

「ムアンクアだよ」

車掌にいわれるまでぼんやりしていた。雲のなかに、突然、現れた町だったのだ。

ゲストハウスのベッドの上で地図を広げた。新潮社の編集者が経費で買ってくれた大判の詳細地図だった。

この先のルートはふたつあった。バスでウドムサイに出て、そこからさらにバスに乗ってパックベンに出る。道はそこでメコン川にぶつかっていた。そこから船でフエサイまで出れば、対岸のタイに入国することができた。もうひとつは、ムアンクアから船でルアンパバーンに出る方法だった。ムアンクアは、メコン川の支流であるオウ川に沿った町だったのだ。

以前、パックベンとフエサイの間を、船で移動したことがあった。広いメコン川の川面《かわも》を、ミズスマシのように走るスピードボートだった。できれば、別のルートでタイまで抜けたかった。思い描いていたのは、ルアンパバーンから西に向かい、タイのナーンに抜けるルートだった。そのためには、このムアンクアから、ルアンパバーンに出なければならなかった。

ディエンビエンフーからのバスが到着した場所からほど近い食堂で昼食をとったとき、壁に町の地図が貼ってあった。そこにツーリストインフォメーションが記されていた。行ってみることにした。ムアンクアは小さな町である。二本の川が合流したその間に一本道があるだけだった。脇道は何本かあったが、すべて川にぶつかって終わっていた。ツーリストインフォメーションはすぐにみつかったが、扉は閉まっていた。ノックをしても返事はない。ふと見ると、横の壁に貼り紙があった。英語でムアンクアからのバスや船の説明が書いてあった。船についてはこう書かれていた。

——毎日一便、ムアンゴイ経由のノーンキャウまでの船がある。出航は九時なので、八時までに船着き場に行くこと。運賃は最低十万キープだが、乗船する人数によって変わる。船一艘《そう》百万キープから百二十万キープ。

壁の前でしばらく悩んだ。十万キープというのは、日本円にすると、千三百二十円ほどである。しかし百万キープとなると一万三千円を超える。この書き方から見て、たぶん百二十万キープだろう。日本円にして一万五千円強……。

地図を開いた。ムアンゴイとノーンキャウはすぐ近くの町で、ムアンクアからルアンパバーンまでのルートの半分あたりだった。一日ではルアンパバーンまで行くことはできないということらしい。

「でもこの運賃……」

「つまり、一艘の船賃を、乗り込んだ人数で割るってことをいってるんだろうな。十人以上集まれば十万キープ……」

「でも、僕らしかいなかったら、百二十万キープを払わなくちゃならないってことでしょ。大変じゃないですか」

「バスなら運賃が決まってるんだけどな」

「何人の客が集まるか、明日、船着き場に行ってみないとわからないわけだ」

「ラオス人に訊くのは大変かもしれないけど、欧米人のバックパッカーに、明日、船に乗るつもりか訊くことはできる。ディエンビエンフーからのバスにも乗っていたしな。小さい町だからすぐにみつかるんじゃない」

「でも彼ら、この町に二、三泊はしそうな雰囲気でしたよ。ここは静かないい町だからゆっくりするんじゃないかな」

船着き場まで行ってみることにした。坂道をくだっていくとオウ川に出た。何艘もの船が見えた。詰め込めば二十人ほど乗ることができそうな細長い船ばかりだった。川縁《かわべり》まで続くスロープの途中に、小さな小屋があった。壁に船の写真が掲げてあった。

「この船は明日の九時に出航するんですよね。で、十人以上の客が集まれば、ひとり十万キープ」

「そうだよ」

「でも、僕らだけだったら、百二十万キープを払わなくちゃいけない。でもそれは明日の朝にならないとわからない」

「そうだよ」

ラオスらしい話だった。そう決めてしまえば、なんの問題もなかった。船としての収入は変わらないのだ。しかしほかの国ではこうはいかない。たとえば東京から大阪に向かう新幹線がこのシステムならどうなのだろうか。一編成の金額が決められていて、乗客数で割っていく。もし乗客がひとりだったら、二、三千万円の金額を負担しなくてはならず、誰も乗らなくなる。運送にかかわるほとんどの会社は、このなかで苦労しているのだ。それが市場原理でもある。そのために、さまざまなデータを集め、コストを計算し……と、どれだけの人がかかわっているのだろうか。

しかしムアンクアから出る船は、運賃の頭割りなのだ。しばらく前まで、この町の足はこの船しかなかったはずだ。町の人が全員顔見知りである。それぞれの暮らしぶりもわかっていただろう。船のもち主が暴利を得ようとしたら、町からはじき出されてしまう。そのなかから、あうんの呼吸が生まれ、「今日は客が少ないから十五万キープだな……」といった具合に運賃が決まっていたはずだ。それは平和な時代の運賃設定だった。

そこに欧米人バックパッカーが現れるようになる。当然、船賃はいくら？という話になる。市場論理を身につけた人々なら、あれやこれやと考えた末、ひとつの船賃を弾《はじ》きだしただろう。ラオスの人々が、その構造を知らないわけではない。しかしそれは、頭で理解しているだけであって、市場経済の冷酷さを骨の髄で味わっているような厳しさがない。つまりは甘いのだ。東南アジアの人々は、その傾向をもっているのだが、その頂点にラオス人が立っていると思っていい。

その結果がムアンクアからの船賃だった。

ラオス人とつきあっていると、ときどき、「この人たちは貨幣経済というものがわかっていないのではないか」と思うことがある。物の値段や運賃などが、意味もなく高かったり、悩んでしまうほど安かったりする。山のなかの暮らしに、貨幣というものが入り込むためには、それを使って買うものがなくてはならない。それがなかったら、使い道がないのだ。ラオスの深い山のなかにも、道が延び、下界の物資が届くようになったのだが、意識はそう簡単に変わらないから、どこか金をもらうことへの熱意が湧いてこないようなのだ。

僕らが泊まっているゲストハウスもそうだった。商売っ気というものがまるでない。その日の夜、ゲストハウスの近くにあった雑貨屋に水を買いに出かけた。主人や店員の女性たちは、店の中央で車座になり、夕食をとっていた。僕らが店に入っても、誰ひとりこちらを向くことはなかった。僕らが水のペットボトルを手にし、金を払うテーブルの前に立っても、誰も立とうとはしなかった。そのテーブルから彼女たちが座っている場所までの距離は一メートルもないのだ。店員の何人かとは目が合っていた。僕らはペットボトルを手にしているのだから、それを買いたいことは誰にでもわかるはずだった。しかし彼女たちは立たないのだ。ただもち米を手でまるめ、赤っぽいスープにつけて食べている。だが僕らを無視している風でもない。客が店に入れば、店員は食事の途中でも箸《はし》を置いてやってくるベトナム社会に慣れてきた身には、この間はいたたまれなかった。いや世界の多くの国がそうではないか。しかしラオス人は立たないのだ。

「すいません」

声をかけ、やっとひとりの店員が腰をあげてくれた。そしてなにごともなかったかのように、

「一本二千キープです」

というのだった。

雨がまた降りはじめていた。

暗い空を見あげながら不安が募ってくる。明日の朝、どれだけの人が集まるのだろうか。

朝になっても雨は降り止まなかった。気温もだいぶさがってきた気がする。下着にシャツ、セーターにヤッケ……。これ以上、着るものがなかった。十二月の東南アジアは、そこそこ冷えることは知っていたが、薄手のセーターが一枚もあればしのげるはずだった。しかしラオスの山中は、ちょっと格が違う寒気にすっぽりと覆われてしまったようだった。

坂道をくだり、船着き場に着いた。八時すこし前だった。昨日は閉まっていた小屋がけの食堂から湯気が昇っている。三人の客もいた。

「よし、三人はいる。僕らと合わせて五人。あと五人集まれば十万キープになる」

しかしラオスはそう甘くはなかった。その三人は、そばを食べ終わると、一艘の船に乗り込んだ。

「ノーンキャウへ行くのはあの船？」

周りにいる人たちに訊くと、皆、首を横に振った。しばらくして、船は岸を離れたが、行く先は上流だった。

「……」

雨が激しい。ムアンクアに買いだしにきた少数民族の女性は、雨があがるまで待ち続ける。ラオスの時間だ

阿部カメラマンと顔を見合わせた。

八時半頃だったろうか。ひとりの男から、「あの船だ」といわれ、そこまで降りてみた。船内にひとりの女性が座っていた。

「ひとりいるね……」

しばらくすると、その女性は、雨避《あまよ》けのブルーシートのひもをはずしはじめた。

「違うみたいですね。どうも船のスタッフみたい」

「僕ら以外に、まだ客はいない……」

百二十万キープ……。それは一艘をチャーターする額である。ラオスの物価からすれば、とんでもない額になる。

そのときだった。上下ゴアテックスの雨具を着込み、自転車を押したカップルの姿が見えた。坂道をゆっくりとくだってくる。ニュージーランド人だった。ベトナムのディエンビエンフーからのバスで一緒だった。バスの車掌と一緒に、ずぶ濡《ぬ》れになりながら、自転車を屋根にあげていた。ここに来たということは、船に乗るはずだ。たぶん、ツーリストインフォメーションの貼り紙を見たのだろう。

雨が味方をしてくれた。天候がよかったら、彼らはウドムサイまで自転車を漕《こ》ぐ計画だったのかもしれない。しかしこの篠突く雨である。とてもツーリングは無理だった。

「これでふたり増える。ということは僕らはふたりで六十万キープにまでさがった」

「あと六人ですか」

するとと坂の途中の食堂から、欧米人の中年夫婦が姿を見せた。坂道をおりてくる。

「あのふたりもそうですよ。きっと」

「これで六人になった。僕らは四十万キープを払えばいい」

「あと四人……」

「坂の上にあるゲストハウスをまわって、客引きしようか。あと四人集まれば、今日は十万キープになるっていえば、金のないバックパッカーの目の色が変わるかもしれないな」

「皆、あの貼り紙、見てるでしょうからね」

六人が川岸に集まった。皆、同じことを考えていることは目の動きでわかる。

「あと四人だな」

そういうとニュージーランド人のカップルが小さく頷《うなず》いた。

船に乗り込むようにいわれた。なかは狭かった。両側にベンチのように板が渡してあるだけだった。欧米人四人と日本人ふたり……。船頭らしき男は、岸に積まれた荷物を次々に積み込んでいく。中国製のオレンジジュースや菓子、そして味の素。カッパを被《かぶ》った女の子が、荷車に載せて運んできては川岸に降ろしていく。もう九時である。出航時刻なのだが、積み込みは続いていた。

坂の上のほうから、ザックを背負った女性が、急ぎ足で走ってきた。「よしッ」と心のなかで呟《つぶや》く。人が集まるたびに船賃がさがっていくのだから、ついせこくなってしまう。

息をきらしながら、女性が乗り込んできた。入口にザックを置くと、

「もうひとりくるけど、間に合う？」

と英語で訊いてきた。僕とニュージーランド人の彼と、また視線が合った。互いににんまりとしてしまう。

「また、ひとり増えるな」

これで八人になった。

荷物を積み終わったときには、出航時刻を四十分ほどすぎていた。前日、この船着き場で話をした男が船に乗り込んできた。そして英語で金額を伝えられた。

「八人だから、ひとり十五万キープ」

予想通りの金額だった。これを明朗会計といっていいのかはわからないのだが……。しかしこの船はなぜ、外国人しか乗り込まないのだろうか。ムアンクアの人たちは、もう船など乗らないのかもしれなかった。ウドムサイ経由でルアンパバーンまでバスを使ったほうが、早くて安いのだろうか。船賃を八人で割ってしまったということは、もう途中から誰も乗ってはこないことになる。道ができる前、ムアンクアの人々にとって、この船は唯一の足だったはずだ。メコン川の支流をのぼりくだりする地元の人々の船……そんな船旅をイメージしていたのだが、もはや昔語りなのかもしれなかった。

船は岸を離れた。両側に雨避けのブルーシートを垂らした船は、外国人が乗ることなどまったく意識していない木造船で、粗末さが浮きたっていた。椅子といっても、両脇に幅三十センチほどの板を渡しただけだった。そこに座ると、うずくまるような体勢になってしまう。今日は乗客が少ないから足を伸ばすことができたが、あと五人も乗ってくれば、体育座りを強いられてしまう狭さだった。船は全長が十メートルほどだった。一応、屋根はあるのだが、それは低く、腰をかがめないと歩くことはできなかった。先頭で船頭が舵《かじ》をとった。後ろにあるエンジンは板で覆われ、その前に船のスタッフ

船がオウ川をくだりはじめた。このときはまだ、皆が余裕の表情だった。しだいに体温を奪われていく……

らしい女性が座っていた。彼女は船頭の奥さんだった。彼女がひもを引いて、エンジンもかけていた。

とことことというエンジン音を残して、船はくだりはじめた。褐色の水面《みなも》には雨が打ちつけていたが、流れは穏やかだった。そんな風景をずっと眺めていたかったのだが、そのためにはブルーシートの隙間《すきま》を開けなければならない。しかし、少し押し開けただけでも雨が吹き込んできてしまう。中年の欧米人の趣味はバードウォッチングのようだった。乗り込んだときから、高そうな双眼鏡をとりだし、膝《ひざ》の上には鳥の図鑑を広げていた。彼もときどき、ブルーシートを押し開くのだが、すぐに閉じていた。雨に濡れてしまうのだ。もっともこの雨では鳥も姿を見せないように思うのだが。

　二十分ほどくだっただろうか。船が岸に近づくと、ピンク色のザックを背負った学生風の女性が立っていた。実家の村に帰り、学校に戻るような雰囲気だった。乗り込むと船はすぐに川の中央に出たが、そこで少し首を傾《かし》げる。彼女の運賃だった。後ろに座っていた船頭の奥さんも岸にあがり、金を受けとっていた。しかしこの船の運賃は、八人の外国人で払い終わっているはずだった。その後も、この船にはさまざまな人が乗り込んできた。隣の村まで行く子供たちもわらわらと乗り込んできた。皆、金を払っていた。

　アジアではよく起こることだった。タクシー運転手と運賃を交渉して乗り込む。ところが運転手は途中で、別の客も拾い、しっかりと運賃を受けとるのだ。最初に交渉した額が変わるわけではないから文句もいいにくい。そこで新しい客を断ると、なんだか心が狭い人間のように思われる気がして、つい受け入れてしまう。しかし内心には、釈然としないものが残るのだ。これまで、何十回となく、このシーンに出合っている。いまだかつて、「客をひとり乗せて運賃をもらうから、最初の金額を割り引きます」といわれたことは一度もない。この船の乗客も皆、納得できない思いはあるのだろうが、ここはラオスだから……と思うのか、誰も黙っていた。おそらく、外国人とラオス人は別の運賃設定になっているのだろう。そこを分けているのが、ツーリストインフォメーションに貼りだされた英文の案内だった。あれを読んだか、読まないか……その違いのよう

シートの隙間から吹き込む雨と風を傘で防ぐ。このときすでに、爪先と手先の感覚が薄れるほどだった

な気がした。

それよりも雨だった。波のように強弱をつけながら降り落ちていた。雨脚が強くなると、突風も吹いた。するとブルーシートがめくれあがってしまう。このシートは下に竹が重しのようにくくりつけてあった。竹は太さを変えてあり、それを差し込んでシートを固定するしくみになっていた。しかし強い風が吹くと、すぐにそこがはずれ、シートが舞いあがり、雨が吹き込んでくる。何回となく差し込み直さなくてはならず、そのたびに髪や体は濡れてしまった。途中から乗ってきた女子学生風のラオス人は、船のなかでも傘をさしていた。傘は雨だけでなく、風避《かぜよ》けにもなる。

体温が少しずつ奪われていくのがわかる。膝を合わせ、その間に手を挟んでじっとするしかない。おしっこもしたくなってきた。船から川面に向けてしてもいいが、女性客もいる。どこかで停めてもらわなくてはいけないかもしれない……そんなことを考えながら寒さに体を震わせていると、船はUターンし、川岸に近づいていった。川岸に客がいるようだった。

急いで川岸にあがり、林のなかで用を足した。雨脚が強くなっていた。ずぶ濡れになって船に戻ろうとすると、川岸に黒い毛で覆われた動物が横たわっていた。頭部と足先が切り落とされたイノシシだった。今朝、近くの村で捕れたのだろうか。傍《かたわ》らに少数民族らしい男が立ち、船頭とその奥さんと話し込んでいた。

船に戻り、眺めていると、船頭が後ろに置いてあった秤《はかり》を運んでいった。どうして秤があるのだろうと思っていたが、森で捕った動物の運送料を決めるためだったらしい。

船頭と村の男がイノシシをもちあげ、秤に載せた。

「五十五キロ」

ラオス語はタイ語に似ている。数字は僕にも理解できた。大きなイノシシだった。横にいた船頭の奥さんがノートにその重さを書き込んでいる。船頭と村の男は、輸送費をめぐって少しもめていた。しかし村の男が折れた感じで決着すると、ふたりでもちあげ、船のなかほどに、どすんと置き、上からシートをぱらっと被せた。それだけだった。シートから足がのぞいていた。

イノシシを積み込む。イノシシはその日の朝、捕獲したような気がした。体温がまだ残っている気配だった

船は岸を離れ、十分ほど走った。するとまたスピードを落として岸に近づいていく。そこには、山岳民族の母と十歳ほどの息子が立っていた。薪《まき》の入った背負いかごを頭に引っかけていた。アカ族なのかもしれなかった。しかしこのふたりの前を船は通りすぎて二、三十メートルくだると、斜面に男が立っていた。傍《そば》にシカが横たわっていた。

船頭は再び秤を降ろして、その上にシカを載せる。奥さんがノートにその重さを記し、イノシシに被せたシートの上に、どすんと置き、またシートを上からかけた。

いったいこの船はなんなんだ……とぼやきたくなる。イノシシの足先からは血が流れ、船の床に血溜《ちだ》まりをつくっていた。シカは捕ってから時間が経っているのか、死臭が漂ってくる。欧米人の男性バックパッカーは、盛んにカメラのシャッターを切っていたが、脇に座る女性は俯《うつむ》いてじっとしている。

山のなかに暮らす人々にとって、森の動物は貴重なタンパク源であることはわかる。しかし唐突に、イノシシやシカの死体が二メートルほど先に積まれると心は揺れるのだ。終点のノーンキャウの市場まで運ぶのかもしれない。解体され、明日の朝市には、その肉塊が、路上に敷かれたシートの上に並ぶのだろうか。

急に動物の死体が目の前に現れる。ラオスはそういう国だ。朝市をのぞくと、野菜や魚の隣に、体長が四十センチもあるリスのようなネズミのような動物が、そのままの姿で置かれていて虚を衝《つ》かれる。二、三羽の小鳥が並べられていることもある。これを買っていってどう調理するのだろう……などと眺めていると、買い物にきたおばさんが、なんのためらいもなく、動物の死体をつつき、ひっくり返し、店の女性となにやら話して金を渡すと、野菜や豆腐が入った買い物かごに、ひょいとその死体を入れて立ち去っていくのだ。

その後ろ姿を呆然と見送りながら、海のない国の暮らしを教えられるのである。

一度、首都のビエンチャンで、三十代の女性三人と食事をしたことがあった。ひとりが僕の知人の奥さんで、仕事の通訳をしてくれた。彼女はルアンパバーンの出身だった。

「いつも私たちが行く店でいい？」

こういうものをぽつんと置いて、おばさんは市場に店を開いている。いるんですね、買う人が。ラオスです

という誘いに首を縦に振ると、連れていかれたのは街はずれの屋台だった。そこでまず出されたのは、小さなコップに注がれた動物の血だった。どんな動物なのかはわからなかったが、なんでも今日、捕れたのだという。彼女たちは嬉々とした面もちで、血をくいっと飲むと、店のおじさんに料理の注文をしはじめたのだった。僕も飲んだ。鉄のにおいが口のなかに広がった。

「体にとてもいいのよ」

僕はぎこちなく頷くしかなかった。

それがラオスの暮らしだった。

森の暮らしだった。

船はなにごともなかったかのように川をくだっていく。途中でラオス人の青年が三人乗り込んできた。席をあけるために少し移動する。動物に近づいていく。シカの死臭が鼻腔《びくう》に届く。欧米人と日本人、ラオス人とイノシシとシカ……。不思議な船は、川幅が三十メートルほどのオウ川を、とことことくだっていく。

においに慣れてくると、再び寒さが応えはじめた。下着にシャツ、セーターの上に薄手のジャンパーを着ていた。ジャンパーは水が滴《したた》るほど濡れ、ズボンは膝から下が雨水を吸って色が変わっている。欧米人バックパッカーたちは、かなりの装備をもってきていた。羨《うらや》ましいゴアテックスの上から、キャンプ用のシートまでかけていた。

船内でうずくまるしかなかった。

ムアンクアを出発して三時間ほどが経った頃だったろうか。途中の村に船が停まり、六人の子供が勢いよく乗り込んできた。小学生たちだった。乗ろうとする客が女性だとわかると、船頭は船を川岸ぎりぎりまで着けるが、それが子供だと急に杜撰《ずさん》になる。子供たちは岸からバシャバシャと水のなかを歩いて船に乗り込んできた。しかしこの雨と寒さである。なかにはジャンパーを着ている子もいたが、僕の前に座った男の子はTシャツ一枚と短パン姿にビーチサンダルだった。雨のなかで船を待っていたのだろう。体は冷え切っているらしく歯の根が合わないほど震えていた。唇の色も変わっていた。それでも子供である。年長の子が口にした冗談に無邪気に笑った。震えながら笑う顔というものをはじめて見た。

子供たちは全員、五分ほど川をくだった村で降りていった。皆、親からもらった二千

途中で乗り込んできた子供たち。寒さに震え、沈黙が支配する船内が一瞬、明るくなった。目が輝いていた

キープ、約二十六円を船頭の奥さんに渡していた。彼らが座っていたところは、尻の形がくっきりと残っていた。短パンやズボンがぐっしょりと濡れていたのだろう。彼らはその跡だけを椅子に残して姿を消してしまった。僕は『風の又三郎』という宮沢賢治の童話を思い起こしていた。

彼らが暮らす村には、車の通る道や電気もないはずだった。前夜に泊まったムアンクアの町に電気が届いたのも最近のことだという。ゲストハウスのドアの上につけられた検電メーターは真新しかった。日も暮れたバス停の近くには、町に一台しかないATMが置かれ、そこだけがやけに明るく光っていた。この機械が設置されたのも最近のことなのだろう。道と電気を伝って、下界の文化が急速に入り込んでくるのだ。

しかしオウ川に沿った村には、まだ電気は届かず、外に出るための唯一の手段はこの船しかなかった。

ムアンゴイの町に着いたのは、午後の二時半頃だった。少し開けた平地があり、そこに木造の家が連なるように建っていた。ムアンクアを出発して以来、はじめて目にした町だった。家と家を電線がつないでいた。ここまで電気がきていた。川岸にはレストランも見えた。川に沿った港には五、六艘の船が横づけされていた。川岸から続く石段を数人のラオス人たちが降りてきた。家族連れのようだった。ラオスにも次々に富裕層が生まれているという話をビエンチャンで聞いたことがあった。彼らがムアンゴイにリゾート感覚で遊びにきているようにも映った。しかしここからオウ川を三十分も遡れば、電気もなく、男たちが森の動物を追う村があった。リゾートというものは、途上国では、電気や水が届かない村のすぐ隣に出現したりするものだが、雨と風に体温を吸いとられ、船のなかでうずくまる身には、傘を手にしながら、スーツケースを船まで運ぼうとする姿は、どこか異星人のようにも映った。彼らは自分たちの船をチャーターしているようで、イノシシとシカの死体が積まれた僕らの船には乗り込んでこなかった。

船は再びオウ川の中央に出、単調なエンジン音を残し、雨が川面につくる波紋を揺らすようにしてくだりはじめた。雨と風はおさまる気配もなかった。ブルーシートの隙間から、雨が吹き込んでくる。ジャンパーは水を含み、重さすら感じはじめていた。ズボンも濡れている。しばらく前から、傘を広げ、風と雨を防いでいた。雨というより、風に吹かれないだけで、少しほっとする。

体を縮めるようにうずくまる体勢を、もう二、三時間は続けている。体の節々が痛くなってきた。

胃になにか入れなければ……と思う。腹も減ってきていた。前日、終点のノーンキャウまでは五時間ほどだと聞いていた。九時に出発するわけだから、ノーンキャウには午後の二時頃には着く。そこで昼食をとればいいぐらいに考えていた。途中の村でもなにか売っているかもしれない。僕らは食べるものをほとんどもたずに船に乗り込んでいた。しかし僕らはこの一帯を甘く見ていた。川沿いに売店など一軒も見あたらなかった。ムアンゴイの港にも、なにもなかった。

空腹がよけいに寒さを募らせた。僕は鞄《かばん》のなかをまさぐった。袋が指に触った。とりだしてみると、ハノイで買ったピーナツの食べ残しだった。どこかで食べようと思って入れたままになっていた。五日前のピーナツである。なかを見ると、六粒あった。

「半分ずつ食べようよ。だいぶしけっているかもしれないけど」

阿部カメラマンに三粒のピーナツを渡した。アメでもあればよかったのだが、そんなことはいってはいられなかった。しんなりとしたピーナツがやけにおいしい。少し寒さも遠のいた気がした。

しかしピーナッツ三粒は、あっという間になくなってしまった。ブルーシートが風に煽《あお》られぱたぱたと揺れる。そのたびに雨が吹き込み、顔を水滴が流れた。シートの間から見ることができる山の形が少しずつ変わってきていた。はじめの頃は、稜線《りょうせん》が連なっていたが、独立した奇妙な姿の山が一定の間隔で屹立《きつりつ》するようになった。もうノーンキャウは近いのだろうか。腕時計を見た。ムアンゴイを出発して五十分ほどがすぎていた。

それからしばらくくだると、前方に立派な橋が見えてきた。ムアンクア以来のオウ川に架かる橋だった。エンジン音が弱くなる。ノーンキャウだった。

はじめての体験だった。荷物を肩にかけ、揺れる船から石段に降りたのだが、そこから足が動かないのだ。力が入らない。阿部カメラマンは二段ほど上にいたのだが、やはり立ち止まっている。

「なんだか変なんだよ。足が動かない」

「下川さんも？　痺《しび》れちゃったんだろうか」

正座を長い時間続けた後とは感覚が違った。痺れている感触はないのだが、足があがらないのだ。どうにも石段をのぼれない。雨は降り続いていた。しかし船から降りると風はなく、少し寒さが和らいだような気がするが、足が動かないのだ。やはり痺れなのだろうか。船内でうずくまる体勢をとり続けていた。そこに寒さも加わり、足に流れる血が少なくなっていたのだろうか。

ようやくノーンキャウに着いた。この写真を見ただけで、
寒さと痺れが蘇ってきてしまう

五分……。十分……。雨に濡れながら石段に立っていた。少しずつ、薄紙をはぐように、足の感覚が戻っていくような気がする。石段の脇につくられた竹製の手すりに手をかけ、ゆっくりと足を動かす。力があまり入らないから、体を前に倒すようにして片足をあげる。いや脳がそういう指令を出しているだけで、足はほんの少ししかあがらない。不思議な感覚だった。十数段の石段をあがるのに、三十分近くかかってしまった。それでもまだ足に違和感が残り、そろそろと足を進めることしかできなかった。

石段をのぼりきった左手に茶屋があった。なんの迷いもなく、その店の粗末な椅子に腰をおろした。足をさすりながら、コーヒーを頼んだ。そしてそば……。とにかく温かいものを体に入れたかった。コーヒーを啜り、汁そばを食べ、またコーヒーを頼んだ。その間も足をさすり続けていた。はじめのうちは止まらなかった震えも、少しずつ落ち着いてきた。足の血流も増えてきたような気がする。

「あの船頭、すごいですよ。先頭の運転席の前のガラスが割れてしまったのか、なにもないんですよ。風と雨を遮るものがない。そのなかで、六時間近く運転をしてたんですから」

「寒い、寒いっていってたけど、表情に余裕があったものな」

店には一時間ほどいただろうか。ジャンパーやズボンが乾いたわけではないが、体はようやく自分のものになってきた。

雨はまだ降り続いていた。ぼんやりと隣の建物を見ると、そこが船の切符売り場のようになっていた。船賃も書かれていた。ムアンクアの下に、ルアンパバーンへの料金も書かれていた。

——十六人　百十万キープ

「……」

手書きの文字をただ見つめるしかなかった。

ノーンキャウに一泊した。朝、目を覚ますと雨があがっていた。ノーンキャウの町の正面には、ひとつの独立峰がそびえていた。その頂の付近には雲がかかっていた。しかしその上の雲は薄く、憑《つ》き物がとれたかのように明るかった。ベトナムのディエンビエンフーに着いたときから、大雨が三日間続いた。この旅は陸路にこだわる旅だから、一日に移動する距離はそう長くない。ベトナム北西部からラオスの東北部にかけて居座った雨雲の下を移動していたのかもしれなかった。しかしその雲も、やっと動いてくれた。

オウ川にかかる橋の上まで行ってみた。町の人々が数人、橋の欄干《らんかん》に身をあずけるようにして川面を眺めていた。続いた大雨でオウ川の水量は増し、流れも速かった。ときおり、十メートルはありそうな木が流れていく。川岸に生えていた木のようで、しっかり根もついていた。増水した川の水で土手がえぐられ、そこにあった木々が流れてしまったようだった。大きな木が橋の下を通りすぎるたびに、

「オーッ」

という声が起きる。この一帯では、それほど珍しいことではないようにも思うのだが、単調な山の暮らしのなかでは、朝、六時に家を出て、橋の上から眺めるほどの価値はあるらしい。いや、単に暇なだけかもしれないが……。

オウ川のこの流れを船でくだる気はさらさらなかった。今日は雨が降っていないから、思った以上に快適な船くだりなのかもしれないが、あの低いベンチに座ったとたん、前日の寒さが蘇《よみがえ》ってくるような気さえした。体が震えを覚えている。痺れへの怖れが、頭をもたげてきた。

町はずれにバスターミナルがあった。朝の八時発のルアンパバーン行きのバスがあると宿で聞いた。ターミナルのオフィスには、発車時刻と料金が掲げられていた。バスは一日に三本あった。

しかし八時になっても、バスが発車する気配はなかった。アジアではしばしば起ることだったが、ラオスの田舎は、そのレベルが違った。発車時刻になり、まだ空席があることがわかると、運転手やオフィスのおじさんが、電話の番号を押しはじめる。

「あと五席あるけど、どうする？」

そんな話がそこではじまるのだった。ムアンクアで船に乗ったときもそうだった。降りしきる雨のなか、さかんに電話をかけていた。ラオスの山のなかに暮らす人たちにとって、予定というものはなんなのだろうか……と、その光景を見ながら首を傾げてしまう。用事があるから船やバスに乗って街に出るわけで、船やバスに席があるから街に向かうわけではない。予定というものは、そういうものではないだろうか。ラオスの土を踏み、彼らと一緒に船やバスに乗ると、これまでの常識が足許から揺らぐのである。バス代はひとり四万キープだった。オフィスに掲示されているから、彼らもその運賃を払うわけだ。日本円にしたら五百二十円ほどだが、彼らにしたら、それなりの金額である。席があるからといって、ほいッと出せる額ではない。それは、途上国とか貧しさといった経済社会とは別の次元のように思えるのだ。用事があるから、金を払って船やバスに乗るという常識が危うくなってくる。ではなぜ、彼らは運転手や船頭の誘いに乗るのかといわれると、うまく答えられないのだが。「席があったから」などといわれても困るのだ。

しかしその結果、バスの出発が遅れることになる。その間、ぼんやりと連なる山々を眺める。ラオスの時間だった。ひたひたと体にしみ込んでくる世界は、思いのほか心地よかった。

バスは九時すぎに出発した。バスといっても十二人乗りのバンだった。途中の村や道端に立つ人を乗せる路線バスだった。道は舗装され、ことのほか快適だった。いや、アジアではごく普通のバスなのだが、前日の船を思えば、風が吹き込んでこないだけでありがたかった。三時間ほどでルアンパバーンの北バスターミナルに着いてしまった。やはり車は速かった。

途中、自転車を漕ぐ何人もの欧米人バックパッカーとすれ違った。このコースは、欧米人たちの間で人気らしい。それを知ったのは、ノーンキャウの橋の上だった。町の人に混じって川面を眺めていると、ひとりのフランス人がやってきた。

「ここで自転車を借りて、ガイドブックの地図を頼りに奥の村まで行こうとしたんだけど、すごい雨でね。途中で引き返してきたんだ。今日、もう一回、トライするよ」

そういって笑った。

「ここで自転車？」

「そう、橋の手前にネットがつながるカフェがあるだろ。あそこにレンタル自転車がある。でも、ルアンパバーンで借りる人も多いよ」

「ルアンパバーンから？」

「一日サイクリングにはいい距離なんだよ。途中、どの村の食堂が英語が通じるとか、どの売店で水が買えるとか、ガイドに全部書いてある。心配のいらないコースなんだ」

ムアンクア、ノーンキャウというふたつの町しか見ていなかったが、欧米からのバックパッカーをよく見かけた。どちらも小さな町で、食堂も限られていたが、そこに入ると、必ずといっていいほど彼らがいた。皆、英語版のガイドブックをもっていた。店には英語が併記されたメニューが必ずあり、料金も書いてあった。支払い額もその通りだった。明朗会計なのだ。

ベトナムからラオスに入り、急に旅のストレスが減った。宿や食堂では英語が通じ、どこもぼることをしなかった。旅というものは、それだけで心が軽くなる。

これまで歩いてきたタイ、カンボジア、ベトナムは、そういうわけにはいかなかった。僕が入るような店には英語のメニューなどなく、言葉も通じなかった。それがアジアの旅というものだから、あたり前のことのように飯を食べてきたのだが、「ひょっとしたら、少しふっかけられているかも」という不安はいつも抱えもっていた。しかしラオスに入ったとたん、すべてが明朗になった。思い返してみれば、一回も値切っていない。

それはおそらく密度の問題なのだろう。ラオス人が頭抜けて正直なわけではない。何万人もの人が暮らす街と数百人が集まった町との違いなのだろう。小さな町には外食、つまり食堂が少ない。一、二軒もあれば十分なのだ。店は法外な料金をとることなど考えもしない世界だった。そこに冒険心が旺盛《おうせい》な欧米人バックパッカーが姿を見せる。彼らはぼられることを日本人以上に嫌う。店にはバックパッカーの流儀が入り込み、朝食用にパンケーキのメニューが登場する。料金は明記され、その通りの金額を払えばすむ世界が成立したように思うのだ。

ベトナムやタイの店も、その多くは明朗である。しかし言葉の壁がある。野菜だけのスープと肉を入れたものでは値段が違う。それを店はうまく説明できない。ぼった、ぼられたというトラブルの原因の多くは、そんな誤解である。逆にいえば、それだけメニューにバリエーションがあるわけだ。料理の密度が高いことになる。しかし人の少ないラオスの山のなかでは、それほどバリエーションを広くしなくてもやっていくことができる。アジアの料理といっても、限られたものしか食指が動かないことが多い欧米人にとっては、それも好都合だった。

オウ川一帯の旅に絡んだ世界は、欧米人バックパッカーがつくりあげたようなところがあった。このエリアは、バックパッカーの聖地のように呼ばれてもいるようだった。

ノーンキャウに着いた夜、篠突く雨のなか、一軒の食堂に入った。高床式の民家を活用した店だった。一階に厨房があり、脇の階段ののぼり口で靴を脱いで二階にあがった。そこでは欧米人たちが店の毛布を膝にかけ、ビールやワインを飲みながらビデオに見入っていた。そういえば入口のホワイトボードに、『今日のビデオ』と書かれ、その下にハリウッド映画の題名が書いてあった。店内はＷｉ－Ｆｉがつながるから、スマホをいじるバックパッカーもいた。メニューはしっかりとしていた。オウ川の魚を使った料理もあった。脇には料金が記されている。バックパッカーたちの表情も穏やかだった。

ラオスの地図を広げてみると、メコン川の東側のエリアが彼らの聖地だった。その店で見せてもらった英語版のガイドブックには、その一帯の情報が詳細に説明されていた。

ノーンキャウのメインストリート。といっても、家はこの道の周りだけ。朝、耳にするのは鶏の声だけだった

自転車でまわるコースもいくつか出ていた。自転車の旅は、ちょっとした冒険心も満たしてくれるらしい。

その基地になっているのがルアンパバーンの街だった。旧市街は世界遺産にも登録され、この街を目的地にする観光客も多いのだが、バックパッカーたちにしてみたら、ここはラオスの奥地をめざす旅の準備をする場所だった。旅を終えたバックパッカーの休憩の街だった。

ルアンパバーンでは、メコン川に近いゲストハウスに泊まった。夕方、中心街に出向くと、一筋の路地が妙に賑《にぎ》やかだった。なかをのぞくと、両側に屋台が並び、野菜炒めやスパゲティもどき、煮込み料理、焼き飯など、あまり高くはなさそうな料理が山盛りになっていた。壁には『ひと皿一万キープ』という貼り紙が出ていた。

「一万キープって、百三十円ぐらいじゃない。でもなにがひと皿？」

と阿部カメラマンに声をかけた。

「違いますよ。あの皿を見てください。皆、てんこ盛りでしょ。あの皿に盛れるだけ盛って一万キープ」

「一万キープビュッフェってわけか」

ルアンパバーンは何回か訪ねていた。この路地は朝市が開かれるところだった。夜になると、若いバックパッカーたちの食欲を満たす通りに変身していた。訊くと、一万キープビュッフェができたのは最近のことらしい。増えるバックパッカーに目をつけたのだろうか。

料理を分担する作戦に出たグループもあった。ひとつの皿は野菜炒め、ひとつは焼き飯……。こうして盛ったほうが量が増えると読んだのだろうか。テーブルは満席に近い。その賑わいに圧倒されそうだったが、そこに流れる空気は健全だった。今日一日、汗をかきながらペダルを漕いだような若者たちがそこにいた。赤くなった首筋がそう語っている。

健全さの演出——。それはルアンパバーンを訪ねるたびに思うことだった。この一万キープビュッフェのある路地が面しているメインストリートは、夜になるとナイトマーケットになる。車の通行を止め、そこに民芸品や布、子供のおもちゃなどを並べた店が出る。しかしこのマーケットには音がなかった。聞こえるのは、客と店員が交わす会話だけなのだ。ナイトマーケットといえば、タイのバンコクにあるパッポン通りが有名だが、その雰囲気はまったく違った。タイのそこには音があふれていた。背後のゴーゴーバーからの音も拍車をかける。タイ人という民族は、なにか騒がしくないとマーケットではないと思っているかのようだった。しかしルアンパバーンには音がなかった。

この静けさがルアンパバーンという街を象徴しているような気がする。この街には、ビールを飲んで騒ぐことを抑制するような空気がある。大声が目立ってしまうのだ。ルアンパバーンの街をリードする人たちは、バンコクを知っているのだろう。パッポン通りの喧騒《けんそう》や夜のカオサンの弾けぶりを目にしているのだ。それを否定するつもりはない。しかしルアンパバーンにはそぐわないという思いが、静まり返った街を支配していた。ビラオスにはもうひとつ、ヴァンヴィエンというバックパッカーが集まる街がある。ビエンチャンに近いこともあるのか、ここは欧米の若者がはめをはずして騒ぎまくる街でもある。そこには当然、ドラッグ類が入り込んでくる。ルアンパバーンの人たちは、ヴァンヴィエンを意識しているのかもしれなかった。

マリファナをまわし、ビール壜《びん》を並べて大騒ぎをする若者も、ルアンパバーンにはやってくる。そんな旅行者を注意したら角が立つ。しかし街から音を消していけば抑止力が生まれる。健全さを演出できるわけだ。昼は自転車で汗をかき、一万キープビュッフェで空腹を満たし、夜になるとことッと寝入ってしまうような若者に来てほしいのだろう。はじめてルアンパバーンを訪ねたとき、朝市の静けさに山のなかの暮らしを感じとったものだった。彼らは自分たちの流儀を失っていないのかもしれない。

静かな世界遺産の街というイメージは、シニア層の観光客にも魅力的だ。彼らはそれなりのホテルに泊まるだろうし、やや値の張るレストランで食事をとるだろう。街に落とす金は、バックパッカーのそれよりは多い。ルアンパバーンの静けさの背後には、したたかな計算もあるように思うのだが、それは邪推かもしれない。

一万キープビュッフェ屋台の前で、僕らは悩んでいた。若いバックパッカーの旺盛な食欲の世界に入り込むには、少し年をとっていた。しかしタイのバンコクを出発して以来、ローカル国境を陸路で越えていくというバックパッカーまがいの旅を続けていた。ルアンパバーンに来たからといって、ロウソクの炎が揺れるレストランの椅子に座るのも気が引けた。

ふと見ると、一万キープビュッフェ屋台の隣にナマズのような魚や鶏肉を串に刺して焼いている店があった。訊くとメコン川の魚だという。一串二万五千キープ、約三百二十五円だった。僕らの落ち着き先はこのあたりのような気もした。魚と鶏肉を頼み、ビールを一本ずつ。合計で六万五千キープ、八百四十五円ほどだった。

串刺しされたメコン川の魚はすでに焼いてあった。それを二度焼きして、プラスチック皿に載せられて出てきたのだが、味は三百二十五円だった。身がぱさぱさしていて、うま味がほとんどない。

「僕らの旅のレベルの味ってことなのかねェ」

そんな会話を交わしながら、ビールで流し込む。一万キープビュッフェは、次々と客が現れ、席がないほど賑わっていた。韓国人グループはソジュという韓国焼酎までもち込んでいる。彼らはなかなか大胆だ。そそくさと味のない魚を食べ、路地を離れた。再び音のない世界に入り込む。ゲストハウスへの道は暗く、犬の遠吠《とおぼ》えだけが聞こえてくる。今晩はよく眠ろう。明日からまた、ラオスの西に向かう旅が待っている。

ノーンキャウからルアンパバーンの道で、自転車にまたがる欧米人の姿を見ていたが、もうひとつ、僕らは高級ドイツ車とも何回かすれ違っていた。

「あれ、ベンツですよ。一千万円はしますね、日本だったら」

「運転しているのは中国人でしょ。車のナンバープレートの最初に『云』っていう漢字がある。たぶん雲南省……」

中国人は自分の車でラオス国内に入ることができるようだった。雲南省南部の磨憨《モーハン》からラオスに入り、そこからウドムサイを通りルアンパバーンに至る道があった。以前はかなりの悪路だったが、最近は整備されてきているという。しかしその道をベンツで走る……だから中国人は嫌われるのだと毒づきたくもなる。ラオスの山のなかの道に、ベンツは似合わなかった。

ノーンキャウからのバスが着いたのは、ルアンパバーンの北バスターミナルだった。翌日のバスでメコン川を越えてサヤブリ方面に向かうつもりでいた。訊くとそのバスは南バスターミナルから出るという。バスの切符を買おうと、そのままトゥクトゥクという三輪タクシーで南バスターミナルへ向かったのだが、近づくにつれ、漢字の看板が目立つようになり、最後には漢字だらけの一画に迷い込んでしまった。南バスターミナル周辺にリトルチャイナが出現していたのだ。おそらくこの一帯では中国元も通用するはずだった。食堂に入ると、あたり前のように中国語のメニューが出てくるのだろう。

「これだったか……」

ビエンチャンに住むラオス人から聞いた話を思いだした。

中国はラオスへの経済進出を進めていた。ラオスの政権も親中傾向が強かった。広大な森林が中国とのリース契約の対象になった。森の木々は中国側に運びだされ、中国はその後、植林をし、五十年後には元の森に戻して返還するという約束なのだという。道路や鉄道も中国の資金で建設がはじまった。

ラオス側にしてみれば、ラオス人の労働力が使われることへの期待もあった。しかし

ルアンパバーンの南バスターミナル一帯にできあがった中国人エリア。一瞬、どこにいるのかわからなくなる

森林伐採や工事がはじまると、多くの中国人労働者が国境を越えてやってきたのだ。ラオス人も雇われたが、現場を仕切るのは中国人だから、中国人労働者だけが増えていった。ラオスのなかには次々に中国人村ができあがっていく。道路や鉄道に沿って、その中国人村は、しだいに南進していった。

思いだす政策があった。戦前の満州である。中国への進出を狙うロシアは、鉄道建設を口実に、その沿線に付属地と呼ばれるある種の租借地を確保していった。そのなかではロシアの通貨が流通し、ロシア語の世界がつくられていった。日露戦争を経て、その付属地を引き継いだのが、満鉄と呼ばれる南満洲鉄道だった。付属地は、ひとつのまとまった土地ではなかったが、ある種の植民地的な性格をもっていた。ロシア人、そして日本人は、この付属地に住むようになる。日本はこのエリアのなかに、日本の郵便局、銀行、学校に神社などをつくっていった。

この付属地に似た中国人村がラオスのなかにできていく。そのなかでは中国元が流通し、中国語で生活ができる。次々に中国人向けの宿や食堂がつくられていった。工事が終われば、姿を消すはずの中国人村だった。しかしそこに建てられる宿や食堂が、妙に立派であることにラオス人は怖れを抱くようになっていく。中国の膨張主義を目のあたりにするような感覚だろうか。工事が終わっても、中国人たちはそこに居座るのではないか……。金も出すが、人も送り込んでくる中国は、ラオスのような小国には脅威だった。

ラオスの政権内でも動揺が生まれた。親中派の発言力は弱まっていく。進められていたいくつかのプロジェクトにもブレーキがかかっていった。

しかしすでに建設が本格化してしまったものも少なくない。ルアンパバーンの南バスターミナル周辺で目にしたものは、そんな中国人村のひとつだったのだろう。世界遺産に登録されているルアンパバーンの旧市街は、そこからトゥクトゥクで十分ほどだった。

ルアンパバーンの街はいま、妙な構造に変わりつつある。旧市街には欧米人バックパッカーや観光客が集まり、南のバスターミナル周辺には中国人エリアができあがっている。その間をラオス人は右往左往しているようにも映るのだった。

ルアンパバーンに一泊し、翌朝、南バスターミナルから西に向かうバスに乗った。その先で、すでに建設が進んでいる中国のプロジェクトを目のあたりにすることになる。

メコン川を越え、サヤブリという街をめざすバスは、九時の出発だった。しかし前日、切符を買ったとき、窓口の職員から七時半にバスターミナルに来るようにといわれた。いくらなんでも早すぎないか……とは思ったが、ラオス人のバスや船に乗るときの感覚がなかなかつかめず、いわれた通りにバスターミナルに向かった。バスはすでにターミナルに停まっていた。乗り込むと、半分以上の席が埋まっていた。いったい彼らは何時にやってきたのだろうか。あたり前のことだが、バスはなかなか出発しなかった。九時発なのである。乗客たちはただぼんやりと席に座っている。やはりこの国の人々の時間感覚はよくわからない。乗客はラオス人ばかりだった。ルアンパバーンから東のエリアであれだけ目についた欧米人の姿は消えてしまった。彼らには興味のないエリアということなのだろうか。それとも、英語版のガイドには、ルアンパバーンから西のエリアは紹介されていないのだろうか。

バスは南に向かい坂道をくだっていった。ルアンパバーンは標高七百メートルほどの高原にある街だった。道は途中から未舗装になったが、それなりの道幅が確保されていた。工事用のトラックとしばしばすれ違った。二時間ほど走った頃だろうか。右手にメコン川が見えてきた。そろそろフェリーで渡河する地点に近づいてきている気がした。しかし、道の先になかなかメコン川は現れなかった。小さな山の間に道がつくられ、そこをバスは抜けた。すると急に舗装された道になり、気がつくと橋の上を走っていた。

「橋？」

ここに橋がある？

そんなはずはない……。

夢をみているわけでもない。

ラオスという国にとって、メコン川に橋を架けることは一大事業だった。

二〇一三年現在、ラオスとタイ国境を流れるメコン川には、四つの橋が架けられていた。最初にできたのは、首都のビエンチャン近郊とタイのノンカーイを結ぶ友好橋だった。開通は一九九四年である。ラオスに渡るはじめての橋としてずいぶん話題になった。二番目の橋は、ラオスのサワンナケートとタイのムクダハーンを結ぶ第二友好橋で二〇〇六年に開通。三番目の橋はラオスのタケークとタイのナコーンパノムを結ぶ第三友好橋で二〇一一年に開通している。そして第四友好橋は、二〇一三年に、ラオスのフエサイとタイのチェンコンを結ぶ橋として完成した。全長が一キロを超える長い橋が多い。

海のないラオスという国にとって、橋がもたらす経済効果は大きいのだろう。橋が完

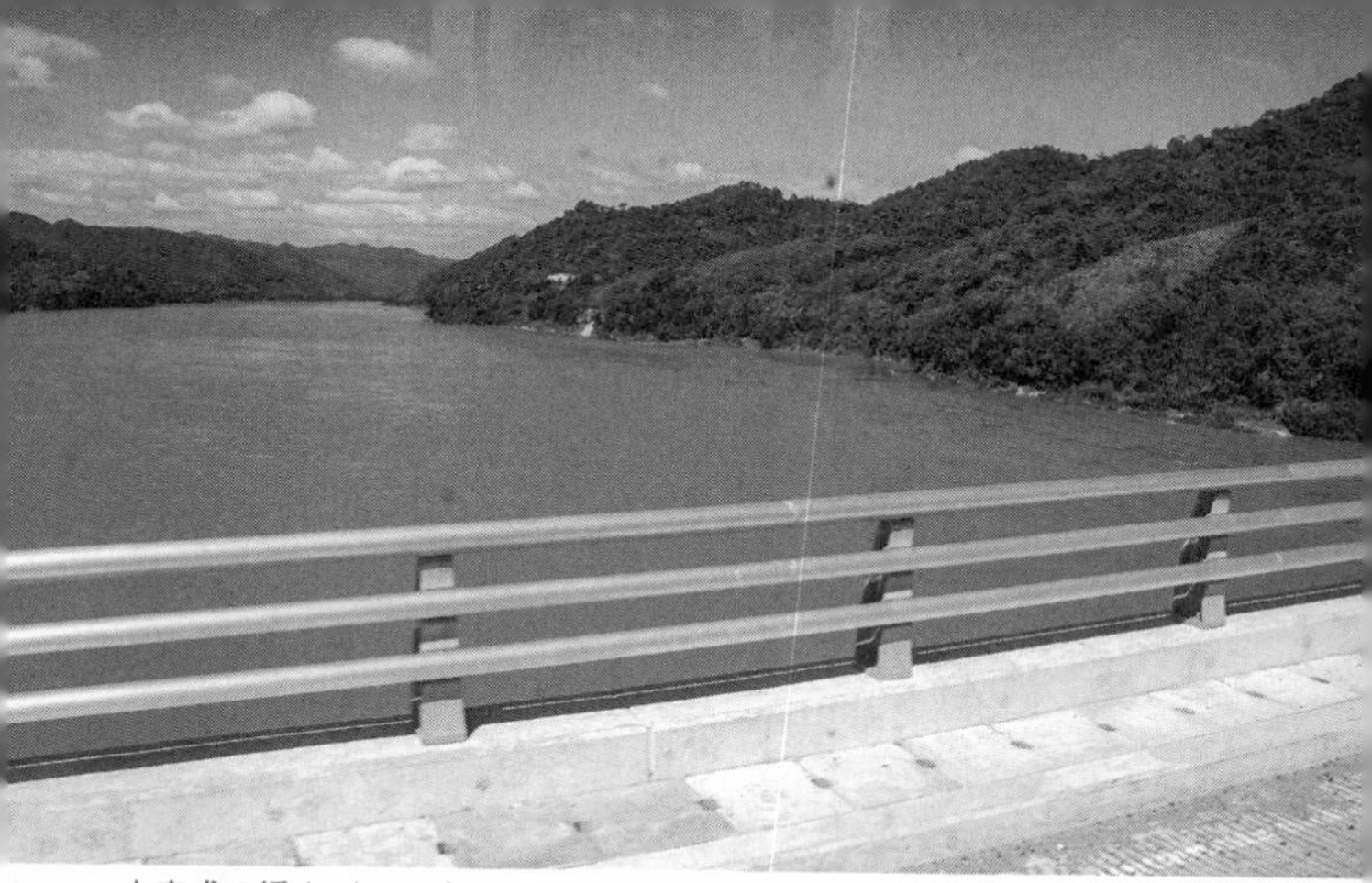

未完成の橋をバスは走り、メコン川を越える。ラオスの道は年を追って整備されつつある。そんな時代になった

成するたびに、ラオス国内では大きく報じられた。その橋のすべてがタイとの間に架けられているから、タイでも話題になる。ラオスに絡んでメコン川に架けられた橋は、この四つだけのはずだった。

しかしバスは橋の上を走っていた。ここは対岸もラオス領だから、メコン川に架かる橋としては、初の両側がラオスということになる。これほどのプロジェクトが内外に知らされていないはずがなかった。

しかし現実に橋はできあがっているのだ。

乗客のラオス人にとっても、この橋は画期的なことのようだった。何人かが座席から立ちあがり、興奮気味に川を眺めている。ひょっとしたら、僕らは通行が可能になってから間もない橋を渡っているのかもしれなかった。

この橋の謎はなかなか解けなかった。Ｗｉ－Ｆｉがつながる宿に泊まったとき、「メコン川」「橋」といった文字を打ち込んで検索してみるのだが、出てくるのは、すでに開通した四つの橋の話だけだった。僕は幻の橋を渡ったというのだろうか。

ビエンチャンに住む日本人の知人にもメールで訊いていた。彼も知らなかったが、この橋を渡ってから六カ月ほどが経ったある日、こんな記事がみつかったという連絡を受けた。

――ルアンパバーン県とサヤブリ県を結ぶ橋は、現在九十五パーセント完成。九月の開通をめざして工事が進んでいる。橋の全長は六百メートル。韓国が八十パーセント、ラオスが二十パーセントの資金を提供している。

橋はまだ完成していなかったのだ。完成は二〇一四年九月の予定だという。

僕が橋を渡ったのは、二〇一三年の十二月だった。おそらく橋は、その上を車が走ることができるレベルまで工事が進んでいたのだろう。未完成の橋を、公共のバスが通っていいのだろうか……とは思うが、そこではラオス人特有の合理主義が発揮されたに違いなかった。二〇一五年一月になっても、完成の報は届いていない。工事が遅れているのだろうか。

橋を通ったおかげか、昼にはサヤブリのバスターミナルに着いてしまった。二台のバンが停まっているだけの静かなバスターミナルだった。ルアンパバーンからのバスに乗っていた三人の客くバンが間もなく出発するという。訊くとこの先のホンサーまで行一緒にホンサー行きバンに移った。運賃は七万キープ、約九百十円だった。

バンはすぐに急な坂道をのぼりはじめた。サヤブリ一帯は、メコン川に沿った平地になっていたが、そこからラオス西部の山岳地帯に一気にわけ入っていく道だった。急なカーブが続き、トヨタのハイエースでも苦しいような傾斜が続いた。木々の間から見える谷には陸稲《りくとう》が植えられ、小さな流れの脇では女性たちが洗濯をしている。のどかな風景にうっとりとしたくなるのだが、バンは右に左にと傾き、そのたびに左右に座るラオス人の体重がかかってくる。三人がけの座席に四人の男が座っていた。僕の隣にいた若者は、しばらく前から苦しそうに下を向いていた。彼が運転手に向かってなにやらいうと、前からビニール袋が手渡しで送られてきた。車に酔ってしまったようだった。ふと見ると、阿部カメラマンの隣に座っていた男性も、ビニール袋を口にあててうずくまっていた。以前は道も悪く、排気量の少ない車が、ゆっくりとのぼっていたのかもしれない。しかし道が整備され、橋もつくられている。走る車はスピードをあげることができるようになったのだろう。しかし山のなかに暮らす人たちの三半規管は、この速度についていくことができないのかもしれない。山の暮らしが少しずつ、いや大きく変わりはじめていた。

車はしだいに山の稜線につくられた道を走りはじめていた。カーブを曲がるたびに、深い谷底が見える。アカ族などの山岳民族は稜線に沿って村をつくる。マラリアを媒介する蚊が少ないことがその理由のひとつだといわれる。その村をつなぐ道が、いまは舗装路になった。これだけの道が整備された理由を、その日の夜に知ることになるのだが……。

ホンサーには午後の三時に着いた。今日はここまでだった。

不安を抱えていた。ホンサーから南西に向かい、そこからタイのナーンに抜けるつもりでいた。これまで通過してきた国境のなかでも、あまり知られていないポイントだった。外国人でここを通過したという話もほとんど耳にしなかった。

ビエンチャンに住む日本人に事前に問いあわせてもいた。しかし、「えッ、あの国境、通れるんですか？」という頼りない言葉が返ってきただけだった。

はたして国境を越えることができるだろうか。その前に国境への足も確保しなくてはならなかった。

ホンサーは高原につくられた新しい町のようだった。バスターミナルから広い道が町に続いている。碁盤の目のように道がつくられていたが、区画のなかに建物はなく、草原が高い空の下に広がっていた。

十分ほど歩いただろうか。町の市場に出た。道に沿って車が停まり、暇そうな男たちがたむろしていた。ここはタイの国境に近い。タイ語を理解する人がいる気がした。もともとラオス語はタイ語の方言といわれるほど似ている。タイ語と英語を交えた会話がはじまった。

「国境？」

「ええ、タイに行きたいんです」

「国境はムアンガンっていう町から三キロほどだよ。でも、そこへ行くバスはないね。タクシーしかない。俺の友だちが車をもっているから訊いてあげようか」

国境を越えることができるかどうか……一応、訊いてはみたのだが、意味が通じなかった。現地の人と外国人ではイミグレーションの対応が違っていた。地元の人は自由に往来ができても、外国人の前ではバーをおろしてしまう国境は少なくなかった。それは世界の国境に共通した発想だった。現地では旅行会社や、外国人を連れていったことがある人しか知らないことだったのだ。

しばらく待つと黒いミニバンが現れた。少し身なりのいい中年男性だった。

「国境まで？」

「外国人もタイに入れるんですか」

「……？」

このおじさんもだめだった。そもそもこの町に暮らす人の多くが、越境ということの意味を正確に知らない気がする。もし、この国境を通過することができなかったら、再びルアンパバーンまで戻らないといけないかもしれない。そこから先のルートも考え直さなくてはならない。僕らにとっては、この町までやってきたことが無駄足になってしまうのだが、そういう感覚を理解してくれないのだ。

行ってみるしかないかもしれなかった。

すべては明日……である。

国境までの車代も交渉しなくてはならなかった。はじめ男性は四十万キープといった。少し高い気がして三十万キープというと、あっさりと交渉は成立してしまった。日本円で三千九百円ほどである。国境で追い返されたら、すべて無駄になってしまう金である。しかし行くしかなかった。

とりあえず宿を探すことだった。欧米人のバックパッカーがやってこないエリアである。英語の看板がまったくといっていいほどなくなった。町のなかを歩きまわり、一軒のゲストハウスをみつけた。何回か声をかけると、やっと手伝いのような若い女性が出てきた。そして満室だといわれた。宿の様子を見ても、客が泊まっている気配はなかった。おそらく主人は留守にしていて、客が来たら、満室といって断るようにといわれている雰囲気だった。その宿で訊くと五軒ほど先にもう一軒の宿があるという。そこを訪ねてみたが、戸を開け、何回、声をかけても反応はなかった。

「結局、あそこか……」

阿部カメラマンに声をかけた。道すがら、『旅社』と書かれた宿を目にしていたのだ。中国人向けの宿だった。

共通の記憶があった。あれは十年以上前のことだが、別の企画でラオスを歩いていた。ウドムサイに着き、そこで一軒の宿に泊まった。そこが中国人向けの宿であることはフロントでわかった。中国人の女性がいたのだ。さして気にもとめず、僕らは宿泊代を払い、鍵を受けとって部屋に入った。どことなく掃除がおざなりな印象の部屋だった。トイレはひどく汚れていた。ベッドに横になり、阿部カメラマンがなに気なくテレビのスイッチを入れた。しばらくその画面を見ていた。すると突然、画面が変わった。中国語のドラマになった。すると間もなく、また画面が変わった。やはり中国語の番組だった。

「変ですよね。リモコンに触っていないのに、番組が変わるんです」

阿部カメラマンが首をひねっている。それからも何回か画面が変わり、中国語のドラマに落ち着いた。

夕食をとろうと宿を出ることにした。フロントの前を通ると、そこにいた女性が、同じ中国語のドラマを見ていた。

「そういうことかもしれない」

阿部カメラマンが口を開いた。

「僕らの部屋にあるのは、ただのモニターかもしれない。リモコンはただのスイッチ。フロントの女性がチャンネルを変えると、全部の部屋のモニターに映る番組も変わる」

「そんなことってある」

「さあ……」

「でも、中国人宿だからね。そのくらいのことは考えられるかもしれない」

夜、宿で確認した。番組が変わるたびにフロントにいくと、いつも同じ画面だった。そういうことだったのだ。

こういう経験をすると、中国人には悪いが、ラオス人の宿に泊まりたくなる。ラオス人が経営する宿は、質素だが清潔だった。そして泊まり客と宿の関係が普通だった。しかし商いへの意欲が低いという欠点がある。なかなかうまくはいかないのだ。

『旅社』のフロントらしきテーブルには中国人の若者がいて、テレビゲームの最中だった。横には中国人の女性三人ほどが夕食を囲んでいた。部屋は中国人向け宿のそれだった。鏡台の前には、髪の毛のついた櫛《くし》とティッシュが放りだされている。掃除というものをしたのだろうか……と思いたくなる。さすがにテレビは、フロントとつながっていることはなかったが……。

食堂は市場の裏にあった。ケーキ屋を兼ねたラオス人の食堂だった。英語のメニュー

この旅最後のラオス料理？
ラオスのビール、ビアラオ
の飲み納め？

もある。ビールを頼み、ラープというひき肉の煮炒め、卵料理を頼む。高原にある町はぐんぐんと気温がさがる。音もない静かな夜だった。中国人の男性ふたりの客がやってきたのは、夜の八時頃だった。店には入らず、入口で焼き鳥を頼んでいた。会話は中国語だった。そして支払いは中国元だった。

翌朝、七時に市場の前を出発した。冷え込む朝で、息が白かった。働く男たちは焚《た》き火で暖をとっていた。十分ほど走っただろうか。運転手は道の脇に車を停め、盛んに電話をかけていた。客を集めているのかもしれなかった。左手に竹を組んだ大きな建物が十棟近く並んでいた。見ると入口の上には中国語の看板がある。

「これ、全部、中国料理の食堂ですよ」

カメラを構えていた阿部氏が声をあげた。

「全部?」

「そう、いちばん端の建物も中国語の看板が出ている」

「一軒の店は、かなりの規模でしょ。テーブルは五十ぐらいあるかもしれない。これだけの店が、中国人で埋まるわけ?」

「かなりの数の中国人が働いているってことですか」

呆然としてしまった。千人、いや二千人……少なく見積っても、そのぐらい中国人がこの一帯に住んでいる気がする。

「なんですか、あれ」

反対側を見ていた阿部カメラマンが再び声をあげた。朝日がのぼり、靄《もや》がしだいに切れてきた。そのなか、巨大な発電所の炉が姿を見せたのだ。口をあんぐり開けて見あげるしかない。高さは数十メートルにも達するだろうか。上にいくと円が少し小さくなる円柱形の炉だ。中国でよく見る炉である。

ホンサーの町で、『ホンサーパワープラント』という英語の看板を見たことを思いだした。この山のなかに、巨大な発電所が建設されていたのだ。サヤブリからの道が舗装路になっていたこと。昨夜、食堂に現れた中国人。そして僕らが泊まった中国人向けの宿……。納得できた。ここでは巨大なプロジェクトが進んでいたのだ。

客は集まらないようだった。運転手は諦《あきら》めたかのように電話を切り、アクセルを踏んだ。ホンサーの町から国境までは五十キロほどだという。車は朝靄に包まれたひとつの峠を越え、一時間ほどでムアンガンの市場に着いた。そこから国境までは五分ほどだった。

「ありがとう」

運転手は金を受けとると踵《きびす》を返した。一瞬、呼びとめようかと思った。もし、この国境を通過することができなければ、まずホンサーに戻らなくてはならない。ここからホンサーまではバスがないわけだから、彼の車に頼るしかなかった。しかし運転手は、通過できることを微塵《みじん》も疑っていない……そんなそぶりだった。その空気のなかで、僕は声が出なかった。

黒いミニバンは、軽いエンジン音を残して去っていった。ラオスのイミグレーションの前で、阿部カメラマンとふたり、残されてしまった。

行くしかなかった。

薄暗いイミグレーションのオフィスに入った。これから越境しようとする人は誰もいなかった。机の向こうに職員がひとり座っていた。ゆっくりとパスポートを出した。もし、越境できないなら、この時点で職員が口を開くはずだった。しかし職員はぱらぱらとパスポートをめくりはじめた。受けとったとき、僕が日本人であることはわかっているはずだった。

と、いうことは……。

通過できるかもしれない。

「トン」

パスポートにスタンプを捺す音が部屋に響いた。職員はパスポートのなかに、ラオスの入国スタンプをみつけ、その横に出国スタンプを捺してくれた。

大丈夫だ。

朝、ホンサーを出発した。車は正面の靄を抜け、その先にあるタイとの国境に向かっていった

ラオスを出国し、タイに向けて、長い坂道を歩いていく。たぶん、この国境は越えることができる。きっと……

タイに入国した。振り返ると、ラオス側から歩いてきた坂道が見渡せた。森に囲まれた国境の道だ

これでタイに抜けることができる。

イミグレーションを出ると、朝の日射しがうれしかった。ほんの二、三分前と、同じ日の光だと思うのだが、こちらの気分が軽くなった分、光が輝いて見えるのが不思議だった。

イミグレーションの前にいたおじさんに、タイはあっち？と指で訊く。そんなことはわかっていたのだが、つい腕が動いてしまった。

坂道が続いていた。同じジャージを着た十数人の若者が坂道をのぼっていた。これからタイで働くのだろう。道は一キロほどの距離があった。足どりも軽い。この先のタイのイミグレーションで入国を拒否されることはないはずだ。気分は朝のウォーキングである。周りの森から鳥の声も聞こえてきた。

タイのイミグレーションは小屋がけの簡素なものだった。その前に数人のラオス人がいた。皆、パスポート以外に何枚もの書類をもっていた。出稼ぎの証明書だろう。その後ろにつくと、眼鏡をかけた女性職員が、こっちへ来い、と合図を送ってきてくれた。その外国人だとわかったのだろう。そこで入国書類に書き込むと、ラオスの出国スタンプの下に、タイの入国スタンプをぽんと捺してくれた。

コラム　コロナ禍でもタイとラオスのゆるゆる国境

新型コロナウイルスの感染が広がると、東南アジアの国々は、すぐに国境を閉じた。その反応は早かった。その意味がラオスの状況を見ながら、やっとわかった。ラオスはアジアのなかでも、新型コロナウイルスの感染拡大をみごとに防いでいた。日本では感染拡大を防いだ台湾の対策がしばしば話題になるが、ラオスは台湾に匹敵していた。総人口や地政学的な立場が違うから、単純に比べても意味がないのだが。

ところが二〇二一年の四月、クラスターが起きた。タイからメコン川を勝手に渡ってきたタイ人がウイルスに感染していたのだ。そのタイ人は、ビエンチャン市内のカラオケ店やマッサージ店などに行ったため、騒然となった。ロックダウンも行われた。

感染拡大を防ぐために閉鎖した国境は、ラオスとタイの国同士で見れば、ほんのわずかなポイントにすぎない。多くが橋のある地点だ。

しかしメコン川が国境になっているところでは、簡単に川を渡ることができる。そこにあるのはポイントとしての国境地点ではなく、川筋に沿って続く国境線なのだ。

バンコクでクイッティオというそばの店を出している知人がいる。もう二十年以上のつきあいになるが、彼がラオス人であることを知ったのは三年ほど前だった。

「父親の体調がよくないから実家に帰るよ。店は一週間ほど休むからね」

「実家はどこなの？」

「ラオス」

「ん？」

「いってなかったっけ。私はタイ人じゃないんですよ。若いときからずっとバンコクにいるけど」

　実家への帰り方もラオス人らしかった。ノンカーイまで行き、そこで実家に電話をかけると、誰かが船で迎えにくるのだという。

「イミグレーションは？」

「面倒だから通らないよ。パスポートももっていかないから」

　タイとラオスのそんなゆるゆる国境だった。昔の話ではない。ほんの三年前に交わした会話だった。

　二〇二一年六月現在、ラオス政府は、新型コロナウイルスへの水際対策として、入国後に二週間の強制隔離を義務づけている。早くからこの対策を続けている。ラオスで感染者が少ないのは、この対策が効いているという人もいる。

　しかし前出の知人はこういう。

「私の周りの人でラオスに帰る人は、ひとりも隔離をしてませんよ。二週間は長すぎる。だからこっそり船に乗って帰る。密帰国なんですけど」

　ビエンチャンでクラスターを起こしたタイ人と同じ方法だった。

アジアの国境を閉めるというのは、ほぼ不可能に近いのだ。しかしラオス政府が早めに国境封鎖に踏みきったのは、それなりの効果はあるという。このメッセージは、帰国するラオス人にも届いている。感染の疑いがあれば、帰国を延期するなどの自己規制を生んでいるというのだが。

第5章　最後の難所、ミャンマー

カプチーノ……。

それが久しぶりに戻ったタイの味だった。

タイのイミグレーションでスタンプを捺《お》してもらい、さらに急な坂道をのぼると、店の前にテーブルを出した食堂があった。朝食をまだ食べていなかった。コーヒーを頼んだ。すると小太りのおばさんは飲み物コーナーでコーヒーをつくりはじめた。出されたカップをしげしげと眺める。

「ミルクが泡だっている」

「カプチーノですよ」

ひと口啜《すす》った阿部カメラマンが声をあげた。

国境でカプチーノ……。レベルの違う国に戻ってきた気がした。タイを離れて以来、カンボジア、ベトナム、ラオスとまわってきた。途中で一回、日本に戻ったものの、それ以外は毎日のようにアジアのコーヒーを飲んできた。ベトナムコーヒーの本場、バンメトートでは、一日に二杯も飲めば十分と思えるほど濃厚で強いコーヒーも味わってきた。カンボジアやラオスもコーヒー文化圏だから、朝はコーヒーという日は多かった。

どのエリアも、たしかにコーヒー豆はあったが、ミルクとなると話は違った。どこもコンデンスミルクの世界だった。ガラスコップの底に二センチほどの厚みまでコンデンスミルクを流し込み、そこにコーヒーを注ぎ、スプーンでくるくるまわして溶かす。そのコーヒーははじめ、のけぞるほど甘いのだが、たっぷりと汗をかいて目覚めた朝の体には、どこか麻薬にも似た刺激があった。毎朝、それを飲んでいると、コンデンスミルクなしでは生きることができない体に変わっていくのである。

タイも元々、コンデンスミルクコーヒーの文化圏だったが、いつしか欧米の味が入り込み、カプチーノや、カフェラテを田舎でも飲む世界になっていった。しかし、このコーヒーをつくるには、それ用のコーヒーマシンが必要だった。そして電気がなければいけなかった。さらに生の牛乳を保存する冷蔵庫、そして牛乳を腐らせずに運ぶ流通も整わなければできないコーヒーだった。カプチーノの背後には、そんなインフラが控えていた。タイという国はそのレベルに達したことを、国境のカプチーノは教えてくれたのだった。最近のタイ人は、冷たいカプチーノが大好きで、カプイェンという新語まで生まれていた。イェンはタイ語で冷たいという意味である。カプチーノイェンが短くなってカプイェンになった。

　ぞろぞろとタイに入国してくるラオス人を眺めながら飲むカプチーノは、なにか別の世界に入り込んだような錯覚すら覚える味だった。

　入国したのはタイのナーン県だった。県庁のあるナーンまでは、ロットゥーと呼ばれる乗り合いバンが出ていた。乗り込んだロットゥーは一気に山をくだりはじめた。ラオスとタイの国境は、山の稜線《りょうせん》に引かれているようだった。ラオスの道の舗装が進み、車に乗ることが楽になった気になっていたが、タイの道は格が違った。いや、車がいいのだろうか。実にスムーズに進んでいくのだ。しかし一気に山をくだることを妨げる検問が待っていた。十分ほど走ると道は三叉路《さんさろ》に出、そこに軍の詰め所があった。全員が荷物を車内に置いて外に出るようにいわれた。ラオス人たちはパスポートと書類を手に列をつくる。僕らも並ぼうとすると、兵士が笑顔をつくって、そこで待つようにと手で制止した。僕らはすることもなく、車の横で待つしかない。別のふたりの兵士が車内に乗り込み、荷物のひとつひとつを入念に調べていく。麻薬か銃の類《たぐい》のチェックだろうか。検問は三十分ほどかかった。

　その後も二回、検問があった。僕らはどちらもノーチェックで、ただ終わるまで待つしかなかった。三回目の検問は山を降り、平地がはじまる地点で行われた。警察の検問だった。僕らふたりだけ、車のなかに残された。ナーンの手前、街の入口のような地点

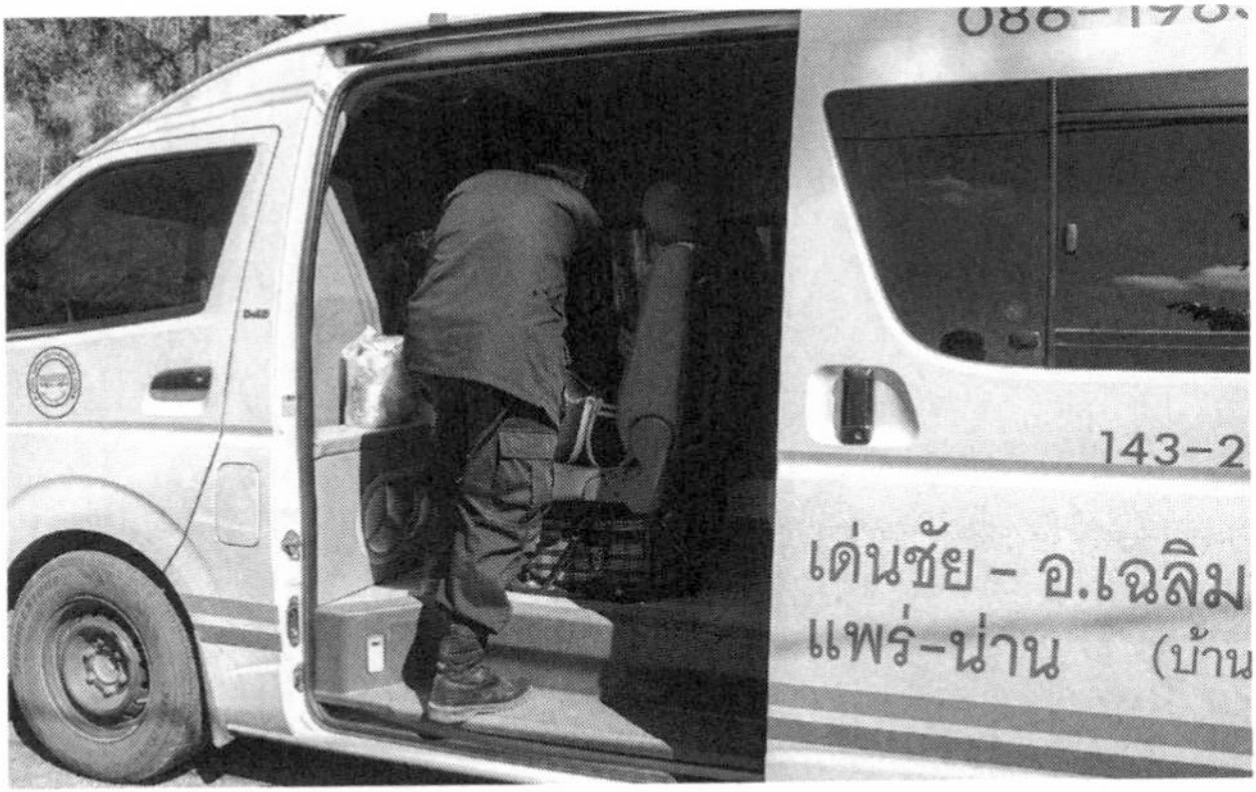

チェックポイント。タイ軍の荷物チェックはかなり厳しい。ときに高圧的だ。ラオス人はただ黙って従う

だった。路上をバイクや車が頻繁に通りすぎていく。ただぼんやりと、タイ人たちを眺めるしかなかった。

ひとりの若い女性がバイクに乗っていた。

「タイ人の女性って、こんなに肌が白かったっけ」

阿部カメラマンが口を開いた。彼もタイとのつきあいは長い。僕の旅に何回もつきあってもらったが、基点はタイになることが多かった。

「変わりましたよね。日焼けしないようにして……きっと化粧もうまくなったんじゃないかな」

「ラオスの女性もおしゃれだけど、なんかこう、違うよね」

「垢抜《あかぬ》けてますよ。タイ人の女性のほうが」

垢抜ける——。昔、タイ人から、その意味のタイ語を教えてもらったことがある。ロークラーブという。元々はヘビの脱皮を示す言葉だという。たしかに二十年前に比べれば、タイの女性は垢抜けた。そのときに脱いだ皮とはいったいなんなのだろうか。つい考えてしまうのである。

ナーンのバスターミナルには午後二時すぎに着いた。ここからタイ北部のチェンラーイに向かうつもりだった。さらにメーサイからミャンマーに入るつもりだった。

ここでいったん日本に戻った。用事もあったのだが、ミャンマーへの旅を前に、ビザ以外に、準備しなくてはいけないことがいくつかあった。この旅のいちばんの難所はミャンマーであることの予測はついていた。

アジアのローカル国境を通り、東南アジアをぐるりと一周するルートを考えたきっかけはミャンマーだった。タイとミャンマーの国境を陸路で通過できるようになったのだ。その発表があったのは、二〇一三年の八月のことだった。

タイとミャンマーの国境事情は、若干の説明が必要になる。第1章でも触れているが、改めて解説しておく。

これまでタイとミャンマーの国境は、完全に閉じられているわけではなかった。タイのメーサイからタチレクへ、メーソートからミャワディへ、そしてラノーンからコータウン。この三つのポイントは、外国人も通過することができた。しかしそれはミャンマー側の街に入ることができるだけで、そこから先に行くことはできなかったのだ。

たとえばメーソートとミャワディ。外国人もミャワディまで入ることができたが、国境から約三キロまでという制限がついていた。ミャワディの郊外にチェックポイントがあり、そこまでしか行くことができなかったのだ。国境と接した街のなかを歩くことしか許されていなかった。例外はメーサイとタチレクだった。メーサイで特別の許可証をとれば、その先にあるチャイントンまでは行くことができた。

この国境事情が変わった。ミャンマー側の街までという制限がはずされたのだ。つまり、メーソートからミャワディに入り、そこからミャンマー最大の都市であるヤンゴンまで行くことも可能になった。同じポイントからタイに戻る必要もなくなった。ようやく普通の国境になったのだ。

発表されたポイントは、紹介した三つのポイントのほかに、タイ側のプーナムロンからミャンマーのティーキーに抜けるルートもあった。四つのポイントが開放されたのだ。

それまで、ミャンマー内を旅するには、ヤンゴンやマンダレーといった街に飛行機で入るしか方法がなかった。飛行機を使う多くの旅行者にとっては、なんの変化もないのだが、陸路国境にこだわる、いってみれば国境マニアたちの目が輝いた一瞬だった。

ミャンマーはラオスとも国境を接している。しかしそちらのポイントは開放されなかった。ラオスのホンサーから、いったんタイに入ったのは、そんな国境事情があったからだった。

日本ではミャンマーで進んでいる民主化の流れのひとつと受けとめる人が多かった。しかし事情は少し違っていた。タイ国境からヤンゴンに至るエリアの多くは、シャン族やカレン族といった少数民族が暮らす一帯だった。ミャンマーの中央部に住むビルマ族とは、長い間、紛争が続いていたのだ。タイ国境からヤンゴンまでの道を通過できるようになったということは、ビルマ族と少数民族との間に和解が成立したことを意味していた。それも民主化の動きととれなくもないが、もう少しきな臭い事情が、国境からヤンゴンへの道には潜んでいた。

そこでひとつのルートを描いてみた。タイ北端のメーサイからミャンマー東部のチャイントンに入り、そこからタウンジーを通り、ヤンゴンに向かう道である。そのためには、ナーンからタイ領内を通ってメーサイに向かうルートをとることになる。

再びタイのナーンに戻ったのは、二〇一四年の一月下旬だった。

タイの長距離バスは、バンコクが基点だった。需要を考えればそういうことになってしまう。すべての道はローマに通ず……という格言ではないが、すべてのバスはバンコクに通ずといった状況が生まれていた。ナーンからも朝便と夕方便を中心に、一日数本の長距離バスがバンコクまで出ていた。しかしナーンからチェンラーイという、地方都市間を結ぶバスとなると、その本数は一気に少なくなった。

朝九時発。その一本のバスしかなかった。夜行バスがあるかもしれない……とナーンのバスターミナルで訊《き》いてみたのだが、それほど多くの人が移動するルートではないようだった。発券窓口も閉まっていた。

「朝の八時ぐらいになれば、切符を売るおばさんがくるから」

バスターミナルの職員はそういった。

「満席になって切符が買えないってことはないんですか?」

「ありえないね。いつもがらがらだよ」

そういう路線のようだった。

翌朝、八時にバスターミナルに来たのだが、切符を売る窓口は開いていなかった。待つしかなかった。八時五十分になっても、職員は現れなかった。窓口が開いたのは五分前だった。アイスコーヒーをぶらさげてやってきたおばさんは、のんびりとバッグから切符をとりだして売ってくれた。ひとり百八十一バーツ、約五百六十円だった。

ナーンからチェンラーイへの道は、タイとラオスの国境地帯に連なる山々の稜線をつないでいた。女性的ななだらかな山並みが、畑の畝《うね》のように続いていた。たらたらとした切符の売り方とは裏腹に、バスは正確な時刻にチェンラーイのバスターミナルに着き、そこから乗り合いバンでメーサイに向かい、夕方にはミャンマーに入国していた。

ナーンのバスターミナルを出発するチェンラーイ行きバス。乗客が少ない赤字路線だ

長距離バスのおやつはカオラム。もち米、小豆を竹に入れて焼いてつくる。竹の薄皮がもちが指につくのを防ぐ優れもの

生まれてはじめて目にした国境がここだった。当時、ミャンマーはビルマと呼ばれ、タイとの国交はないと日本では知らされていた。大学生だった僕は、緊張した面もちで、タイのメーサイの街に着いた。海外旅行はそれが二回目だった。メーサイの街の、国境に続く道を歩いていくと、長さが三十メートルほどの橋が見えた。脇には歩哨《ほしょう》小屋のような詰め所があり、橋の入口には踏切にあるような遮断機がさがっていた。

そこで見たものは不思議な光景だった。人々は、遮断機のバーをひょいとあげ、橋を渡っていたのだ。ビルマ側のタチレクからも、荷物を積んだバイクや山岳民族がタイ側に渡ってきていた。タイとビルマの間には、国交がないはずだった。しかし人々は、涼しい顔で国境を渡っていた。当時の僕には、なにもわからなかった。なぜ現地の人々は国境を越えることができるのだろうか。なぜ、監視する兵士はなにもいわないのだろうか。

国境の橋の上には、土産物屋まで出ていた。あそこまで行くことができるだろうか。バーをくぐって橋の上まで出てみた。タイ側の兵士はなにもいわなかった。ぎこちない足どりで進んでいく。橋の中央あたりまで来たとき、ビルマ側の兵士が、銃を手に僕のほうに向かってきた。足が止まった。ビルマ側のバーの脇にある詰め所にいる兵士は、僕に銃口を向けていた。

パスポートを見せるようにいわれ、それを渡すと、ぱらぱらとページをめくり、「タ

タイのメーサイの国境渋滞。この日はナイトマーケットがこの道で開かれ、いつにもまして混んでいた

イ側に帰りなさい」といわれた。僕は操り人形のような足どりでタイに戻るしかなかった。振り返ることもできなかった。

これがはじめての越境体験だった。いや、国境を越えていないのだから、国境体験といったほうがいいかもしれない。

その後、ビルマはミャンマーと国名を変えた。僕は旅行者としてこの国境を越えた。ミャンマー側の小屋がけのオフィスにパスポートを預け、タチレクの街を歩いた。メーサイにあるミャンマー系の旅行会社で許可証を発行してもらい、チャイントンまで訪ねたこともある。

しかし今回は違った。ビザさえあれば、堂々と国境を越えることができた。橋の両側にあるタイとミャンマーのイミグレーションも、ずいぶん立派になっていた。

はじめてこの橋の中央まで行ったときから、四十年近い年月が流れていた。その間にタイはずいぶん発展した。停滞していたミャンマーは、ここにきて、一気に活気づいてきた。そして僕はだいぶ年をとった。

街を歩き、何回か通りすぎたタチレクの街だったが、泊まったことは一回もなかった。メイン通りを歩き、ホテルという看板を頼りに、一軒の宿に入った。フロントで料金を訊くと、

「八百」

といわれた。

「タイバーツ?」

「そう」

僕らが外国人だから、タイバーツで宿代を口にしたのかと思った。しかしそうではなかった。その日、チャイントンまでのバス切符を買ったり、夕食をとったりしたのだが、いわれた金額はすべてタイバーツだった。食堂のメニューに書かれた料金もすべてタイバーツだった。紙幣だけでなく、硬貨もあたり前のように流通していた。街は完全にタイの通貨で染まっていた。

日が西に傾きかけた頃、高くそびえるパゴダまで行ってみた。坂道をのぼると、パゴダを囲む台座の上に出た。そこから鉄柵越しにタチレクの街を見おろすことができた。

東西に街が広がっていた。国境は、その後ルアック川と呼ばれるメーサイ川なのだが、その両側に数階建てのビルが建ってしまい、どこから南がタイ領なのか見きわめることが難しかった。ここから眺めると、通貨だけでなく、タチレクとメーサイはひとつの街に映った。いや、もともと、このふたつの街はひとつだったのかもしれない。国境であるメーサイ川は、国を分けるにはあまりに川幅が狭い。

パゴダの入口には、シュエダゴンパゴダ・タチレクと書かれていた。シュエダゴンパゴダは、ミャンマーを代表するパゴダで、ヤンゴン市内に建っていた。ヤンゴンを訪ねる観光客なら、誰もが訪ねるパゴダだった。そのタチレク版ということなのだろうか。

タイのバンコクに、ワット・プラケオという王宮内に建つ寺院がある。タイで最も有名な寺といってもいいかもしれない。しかしワット・プラケオは、正式な寺の名ではない。エメラルド寺院という俗称をタイ語で読んだものだ。そして、この名で呼ばれる寺は、タイ国内や、これから向かおうとしているチャイントンにもある。シュエダゴンという名前も、それに近い使われ方をしているのだろうか。

ミャンマーという国は、仏教寺院よりもパゴダのほうが、宗教施設として輝いている。溜め息が出るほど立派なパゴダも多い。タチレクのシュエダゴンパゴダも、日が暮れてくると、周囲のライトに照らしだされ、幻想的な色あいすら帯びてくる。人々はパゴダの周りに安置された仏像の前で手を合わせる。ミャンマー内のさまざまなパゴダを訪ねたが、パゴダの前で瞑想《めいそう》する人が多かった。なかにはトランス状態になる人もいた。

シュエダゴンパゴダ・タチレクを囲むように置かれたすのこの上に座ってみる。そこから暮れなずむ空を眺めていると、ついぼんやりしてしまう。朝から一日バスに乗り、タイからミャンマーに入った。しかしここから先、いやチャイントンから先のルートに不安を抱えていた。結論が出るのは明日の夕方なのか、それとも二日後の朝なのか……。へたをすると、二日後、再びこの街に戻ってくるのかもしれなかった。

予定通りに旅が続くことをパゴダに向かって祈りたいところなのだが、ミャンマーのパゴダは現世《げんせ》利益《りやく》など相手にしてくれない。そんな願いを受け入れてくれるのはナッという神で、このパゴダの周りにもその像がある。しかしその表情はひょうきんで、なんだか頼りなく、僕の願いなどとてもかなえてくれそうもない。

翌朝、バスターミナルで待っていたのは、名阪《めいはん》近鉄バスだった。ミャンマーのバスは、その大多数が日本の中古車だった。最近は韓国の中古バスも目にするようになったが、まだ日本車が圧倒的に多かった。中古車であっても、日本車はメンテナンスがいい。それを示すためにあえて日本語を残すのだと聞いたことがある。しかし、ミャンマーを訪ねるたびに気になっていたのが、日本の中古車が走る場所だった。以前、ヤンゴンの空港内で走っていたのが、成田空港や羽田空港と都内を結ぶオレンジ色のリムジンバスだった。ヤンゴン市内を走っていたのは、緑色の都バスだった。日本語を残すだけでなく、

シュエダゴンパゴダ・タチレク。丘の上にあるので、タチレクとメーサイを見渡す展望台でもある

日本で走っていたエリアに相当する路線を走らせるという配慮ぶりだった。それはほとんど意味のないことにも思えるのだが、まあ、そこまでしたかったのだろうか。その気遣いをあてはめると、タチレクからチャイントンがなぜ、名阪近鉄バスなのかという話になってしまうのだが……。

バスは出発して三十分ほどでチェックポイントに着いた。道路を閉鎖し、側道をつくり、その両側を囲む建物の間でバスは停まった。車掌が阿部カメラマンに、カメラをバッグのなかに入れるようにジェスチャーで示した。そして全員のパスポートを回収し、脇にある建物のなかに消えた。

その場所は、高速道路の入口のようなつくりになっていた。両脇にやぐらが組まれている。ここに停まったトラックの積み荷を調べるのだろう。バスはその必要がないようで、しばらく進み、側道脇で停まった。

「チャイントンの先にも、こんなチェックポイントがあるのだろうか……」

周囲にいる兵士を気にしながら、あたりを見まわした。

チャイントンまでは行くことができるはずだった。実際、僕自身、これまで二回、チャイントンには滞在していた。問題はその先だった。チャイントンからタウンジーまでの道である。タイとの国境が本格的に開く前、ヤンゴンに飛行機で入りさえすれば、ミャンマー国内は比較的自由に旅をすることができた。といっても、ミャンマー国内のビルマ人が多く暮らす一帯に限ってのことだった。ミャンマーという国は、百三十五ともいわれる民族で構成される多民族国家である。カチン族、カレン族、チン族、シャン族、モン族……といった少数民族がいるが、彼らはビルマ族が暮らす中央部の外側、タイ、中国、バングラデシュなどの国境に近いエリアを拠点にしていた。そんな少数民族のエリアに行こうとすると、さまざまな制限が加わってきた。

タチレク、そしてチャイントンはシャン族が暮らす一帯だった。シャン族の人口はJETROによると約四百七十五万人。ミャンマー内の少数民族のなかでも最大勢力だった。そして彼らが暮らすエリアがシャン州である。州都はタウンジーだが、シャン州は広いため、東シャン州、西シャン州、北シャン州に分けて語られることが多い。西シャン州の中心がタウンジー、東シャン州の中心がチャイントンだった。

蛾の幼虫の素揚げ。シャン風のビールのつまみだ。えびせん風味でいける

タウンジーとチャイントンは、外国人が滞在することが許された街だった。しかし、タウンジーとチャイントンの間の道をバスに乗って移動することは許されていなかった。

一般的にはヤンゴンからタウンジーに向かう旅行者が多い。そこからバスでチャイントンに行こうとすると、「外国人は飛行機しか許されていません」という言葉が返ってくる。いくら粘っても、陸路の旅は許可されなかった。

その状態で、タイとミャンマーの国境が開いたのだ。チャイントンとタウンジーの間の道を、外国人も通過できるようになっているかもしれない……そんな淡い期待が湧いてきた。国境を本格的に開いたということは、陸路の移動を前提にしている。タチレクの国境を開き、そこから北へ百六十キロほどのチャイントンから先の陸路旅は許可しないというのは、ツーリズムという視点からみれば辻褄《つじつま》が合わない気がする。しかしミャンマーである……。

チェックポイントが気になったのはそのためだった。もし、チャイントンからバスに乗ることができたら、こんなポイントをいくつか通過するはずだった。

タイのナーンから、いったん日本に戻った目的のひとつは、チャイントンからタウンジーまでの道を確認するためだった。僕は東京の高田馬場にある一軒のシャン料理屋に向かった。スタッフとは以前からの知りあいだった。彼にシャン州のチャイントンからタウンジーまで、はたして陸路で通過できるのか……現地に訊いてもらうことにしたのだ。

「いいよ。いま、電話で訊いてみようか」

シャン族であるスタッフは気軽にスマホをとりだした。シャン語の会話が続いた。彼はチャイントンとタウンジーのちょうど中間あたりの町の出身だった。情報を集めるには心強い存在だ。

「大型バスじゃなくて、中型の乗り合いバンが走ってるんです。朝、チャイントンのバスターミナルを何台も出発する。その日の夕方には、タウンジーに着くって。外国人？

問題ないんじゃないかな」

ミャンマーの人に、この種の話を訊くと、だいたい、「大丈夫」という答が返ってきた。彼らは、ミャンマーを旅する外国人への制限はほとんど知らなかった。いや、知らされていなかったといったほうがいいかもしれない。はじめてミャンマーを訪ねたのは三十年以上前になるが、当時、外国人は一般のミャンマー人と接することも禁じられていた。多くの犠牲者を出した民主化運動の前のことだった。それでも学生たちは、路上でこそっと僕らに話しかけてきた。彼らは海外の情報に飢えていた。ホテルで会うことも難しかった。ホテルのスタッフが通報する可能性もあった。彼らが指定してきたのは、知りあいが経営する食堂のなかにある個室だった。

シャン族のスタッフに、もう一度、訊いてもらうことにした。乗り合いバンを運行する会社に確認をとりたかった。

再度、訪ねたのはナーンに戻る二週間ほど前だった。

「だめみたい。バス会社の人が、そういっていたそうです」

「だめですか……」

「でも、方法があるかもしれない」

作戦会議がはじまった。テーブルにシャン州の地図を広げた。

「たぶん切符を買うとき、身分証明書が必要だと思う。それを誰かチャイントンの人に頼んで買ってもらったとする。で、黙って乗り合いバンに乗ってしまうっていうこと、できるかな。昔、中国で成功したことがある。長江《ちょうこう》を船で遡っていたんだけど、重慶《じゅうけい》から上流は船の切符を売ってくれなかった。そこで切符売り場にやってきた女性に頼んで買ってもらったんだ」

「チャイントンの人は軍を気にしているから、それはできないと思うな。わかったら捕まるかもしれないからね。それよりもブラックタクシーを探したほうがいいかもしれない」

「ブラックタクシー？」

「高いけど、違法を承知で乗せる人がいるかもしれない。ただ、そこがうまくいっても、チェックポイントがある。チャイントンの街を出たところと、サルウィン川を越えるところ。ここに大きなチェックポイントがある。そこで荷物や身分証明書を見せなくちゃいけない。シャン州には、シャン語やビルマ語を話すことができない人がかなりいる。中国から移ってきた人もいるからね。ただ黙っていればいいかもしれない」

「身分証明書は偽造する？」

「……」

サルウィン川のチェックポイント。それはシャン州というエリアの歴史を語るとき、必ず登場する場所だった。サルウィン川は、メコン川同様、チベット山塊を源流にする大河だった。中国では怒江《どこう》、ミャンマーではタンリン川と呼ばれている。深い谷を刻む急流で、アジアの大地溝帯ともいわれる。最後にはアンダマン海に注ぐのだが、船は河口から百キロ程度しか遡れないらしい。水運に利用できないほどの急流なのだ。

この川がシャン州のほぼ中央を南北に貫くように流れていた。昔、シャン州を東西に結ぶ人と物の動きはこの川に阻《はば》まれていた。タコーという街の近くに水が少ないときだけ使うことができる船渡しがあったという。ここに橋ができたのは一九七五年のことだった。最初は小型車一台がのろのろと渡るのがやっとの怖い橋だったという。タコー橋の西側には、サルウィン川の支流もあった。この川の谷はそれほど深くなく、比較的、簡単に橋を架けることができた。その近くにあるのがコーヘンという街だった。ふたつの橋ができた結果、シャン州内の人と物の動きは、このふたつの橋に集中するようになる。

シャン州というエリアが平穏だったら、このふたつの橋は、物流とか経済の話に広がっていったのだろうが、そんな余裕のない時期が続くことになる。このふたつの橋をめぐり、戦闘が繰り返されるのだ。ここを押さえれば、シャン州内の物流を管理できた。通行料をとることも可能になる。争奪戦はコーヘンの橋のほうが激しかったという。サルウィン川の本流は、戦いをするのも大変なほどに深かったのだ。いま、このふたつの橋はミャンマー軍の管理下になっていた。当然、そこにはチェックポイントがある。チヤイントンからタウンジーに向かう乗り合いバンも、このふたつのチェックポイントを通過しなくてはならなかった。

シャン料理店ではじまった話に、客としてきていたシャン人も加わってくる。彼らの話では、タコーのチェックポイントは、ゲートまである立派なものだという。

シャン族は、別名、タイ・ヤイ族と呼ばれる。いまのタイに多い民族はタイ・ノイ族だから、民族的にはタイ人に近い人々だ。タイは昔、シャムと呼ばれていたが、その語源はシャンではないかという説があるほどである。

シャンの土地が、世界の勢力争いに巻き込まれていくのは、アジアの多くのエリア同様、植民地時代からだった。ビルマを植民地化したイギリスは、多民族が暮らすビルマを分割統治していく。まずビルマ族と非ビルマ族を分け、ビルマ族に非ビルマ族、つまり少数民族を統治させていったのだ。ビルマ族と少数民族の対立は、この時代に明確になっていったとみる人は多い。

世界の植民地では、よく使われた政策だった。たとえばベトナムとカンボジアを植民地にしたフランスは、ベトナム人を使い、カンボジアを統治していく。その結果、ベトナム人とカンボジア人の間に、消すことができない憎しみを生んでしまった。同じことが、ビルマ族と少数民族の間でも行われたわけだ。シャン族もその構造に組み込まれた。

第二次大戦後、ビルマは独立する。少数民族も独立運動に加わったが、それは、アウンサンスーチーの父親であるアウンサン将軍のカリスマ性に支えられている面があった。アウンサンは、シャン州のタウンジーに近いパンロンに少数民族の代表を集め、連邦制を敷くことで独立への道筋をつくっていった。パンロン会議である。その場所は、チャイントンからタウンジーへの道沿いだった。しかしその会議に、すべての少数民族が加わったわけではなかった。そしてその後、アウンサンは暗殺され、ビルマという国の迷走がはじまることになる。

シャン州もさまざまな策動のなかに放り込まれていく。大戦後の東西緊張時代の最前線になっていくのだ。ビルマは、国軍のネ・ウィンがクーデターを起こして政権を握り、軍事政権が成立していく。一方、中国では中国共産党の勝利が決定的になり、追われた中国国民党の多くは台湾に逃れる。しかし、雲南省にいた中国国民党はシャン州やタイ国境周辺に逃げ込んだ。そしてシャン州北部では、中国共産党に支援されたビルマ共産党が力をつけていった。

そこにCIAを使い、入り込んできたのがアメリカだった。当時のアメリカは、中国、北ベトナム、カンボジア、ラオスと次々に社会主義化していくことに脅威を抱いていた。ビルマも軍事政権ではあったが、ビルマ型社会主義を標榜《ひょうぼう》していた。ひとつの駒《こま》が倒れると、隣の駒も倒れていく……ドミノ理論のなかでアジアに介入していくのだ。南ベトナムに駐留し、北爆を開始したことと同じ流れだった。規模は違ったが、同じ論理の戦争がシャン州で展開されることになる。

戦争の資金源になっていったのはアヘンだった。中国国民党は、中国共産党から大陸を奪回することを旗印にしていた。その資金源にアヘンを使った。ヨーロッパの列強や日本が進出するなかで、中国はアヘンに染まっていった。そのなかで戦ってきた中国国民党は、アヘンがもたらす利益の大きさを知っていた。そして生アヘンからヘロインを精製する技術者を簡単に確保することができた。

シャン州はアヘンの一大生産地になり、そこからヘロインをつくる拠点になっていく。アヘンをめぐる利権争いのなかで、頭角を現してきたのがクンサーだった。中国人の父とミャンマー人の母をもっていた。別名、アジアの麻薬王と呼ばれた男だった。一時は世界のアヘンの半分を握ったともいわれる。ゴールデン・トライアングルの時代である。

ゴールデン・トライアングルというと、タイのチェンセンの近くをいうことが多い。タイ、ミャンマー、ラオスの国境が接している地点には観光客向けの碑もある。しかし実際のゴールデン・トライアングルは、もっと広いエリアで、中心はシャン州だった。

クンサーを裏で支援したのがアメリカだった。北から迫る中国共産党を後ろ盾にするビルマ共産党をくい止めるためだった。このあたりから、話はややこしくなるのだが、ビルマ共産党と対抗するという図式のなかで、クンサーはビルマ軍との関係を深めていったといわれる。

クンサーに対する評価はさまざまだが、シャン族の支持を得た少数民族のリーダーというより、アヘンを扱った一豪族という色彩が強い。彼はモン・タイ軍という軍隊を組織していたが、これは私兵軍といってもよかった。

一九九三年、彼は突然、シャン邦共和国の独立を宣言する。そして自ら大統領になった。しかしシャン人の支持を得ることはできず、ミャンマー政府に投降する。シャン邦共和国は、わずか三年という幻の国で終わってしまう。しかしクンサーが手にした財産は膨大だった。そこでミャンマー政府と、どんなとり引きがあったかは藪《やぶ》のなかだが、政府の庇護《ひご》のなかで新しいビジネスをはじめたともいわれる。そもそもクンサーの投降も、ミャンマー政府と話がついていたといわれる。その頃はアメリカ政府も方針を変え、クンサーは国際手配される身になっていたが、ミャンマー政府は、クンサーの身柄の引き渡しを拒否し続けた。

クンサーが率いるモン・タイ軍は、何回となく北部のビルマ共産党軍を攻撃している。そのときもタコーとコーヘンというチェックポイントを通過したはずだ。シャン州の山岳地帯で採れた生アヘンも、このチェックポイントを通り、タイ国境にあった精製工場に運ばれた。橋の争奪戦は繰り返されたが、ビルマ軍がチェックポイントを支配していた期間が長いはずだ。そこを堂々と通過する……やはりクンサーはビルマ政府と通じていたと思う。

シャン州の難しさはこのあたりにあった。ミャンマーの少数民族がつくる反政府軍のなかでは、カレン民族同盟のカレン民族解放軍の存在感が際だっている。軍事的にも最も強力だといわれている。歴史的にはさまざまなことがあったが、カレン族はミャンマー政府と距離を常に保ってきた。コートレイというミャンマー政府の力が及ばないエリアもつくっていた。

テイン・セインがミャンマーの大統領になり、進む民主化路線のなかで、カレン民族同盟とミャンマー政府は和平に原則合意する。カレン族とミャンマー政府の間には、和平合意という明確な図式をつくることができた。

しかしシャン州はひと筋縄ではいかない。ミャンマー政府とシャン州は、互いに腹のなかを探りあうようなところがあった。和平に合意したところで、互いにその顔の裏にあるものを読みとろうとした。シャン州には、さまざまな軍隊がある。北部シャン州軍、南部シャン州軍、シャン州民族軍、シャン州諸民族人民解放機構などだ。いくつかの軍に分かれていることは、ミャンマー政府との騙《だま》しあいや策動の結果なのかもしれない。いまの政府の副大統領のサイ・マウ・カンはシャン族である。シャン人は、単なる飾りものというが、それがシャン族と政府との関係でもある気がする。

ミャンマー政府と少数民族の間に横たわる憎しみは、そう消えるものではない。互いに肉親を殺されている人も多い。カレン族は民族としての孤高を貫き、シャン族は現実

僕らが乗るバスの前に、ミャンマー兵を乗せた車の列があった。なにかの作戦？（タチレクーチャイントン間）

路線をとったということなのだろうか。政府との間に横たわる軋轢《あつれき》に大差はないのだが。高田馬場にあるシャン料理店にやってきたシャン人がこんな話をする。

「父は警察官だったんです。ずっとヤンゴンにいて、それなりのポストも得ていた。役職でいったら中ぐらいかな。そんな父がいうんです。俺はいくら頑張ってもここまでだ。これ以上のポストはない。理由？　それはシャン人だからだよ。おまえは外国へ行け。この国にはシャン族にはチャンスはないって。だから日本に来たんですよ」

シャン族はアメリカやカナダに移住した人も少なくないという。かつてこのエリアに介入したアメリカは、シャン族を移民として受け入れる責務を負ってしまったとみるシャン人もいる。

ミャンマー政府との関係が絶望的になったとき、タイに近づいていくという選択肢もシャン人にはある。シャン人は、ビルマ人よりタイ人に近い民族なのだ。

あれは二〇一二年のことだったろうか。タイのチェンマイを訪ねると、ひとりの日本人がこんなことをいった。

「いま、ナイトマーケットが人手不足で大変なんですよ。あそこの店員の多くはシャン人でしょ。彼らにシャン州から軍事訓練の召集がかかったんです。シャン人だから、皆、行くでしょ。ほら」

彼はタブレットPCを見せてくれた。そこには森のなかで訓練をする写真があった。シャン州に戻った店員のひとりが送ってきたのだという。タイ北部で働くシャン人は少なくない。タイ政府は正式な労働ビザを出している。

しかしそのとき、シャン州はミャンマー政府との和平合意に向けての話し合いを進めていたのだ。シャン州の人々はミャンマー政府を信じてはいない。いや、有利な条件を引きだすために、軍事訓練で圧力をかけたのか。シャン州とはそういうエリアだった。

バスはチャイントンに向けて進んでいた。途中、二カ所に有料道路のゲートがあった。以前は大変な道だった。トヨタのタウンエースで向かったのだが、振動が激しく、しばしば体が十センチ以上浮いた。天井に頭をぶつけるのではないか……と、身をすくめたものだった。しかしいまは、立派な二車線の道が完成していた。ラオス方向からの道が交わるところにできた市場で昼食をとった。焼きそば風の麺が三百チャット、約三十五円。麺を口に運びながら、つい、ここから一時間ほどで着くチャイントンからの道を考えてしまう。

（やはり、正攻法でバスターミナルに行ってみるべきなんだろうなぁ）

店の女の子は暇そうに車が走り抜ける道路を眺めていた。

チャイントンに着いたのは一時近くだった。そこにいたトゥクトゥクに乗り、タウンジー行きの乗り合いバンのターミナルに向かった。広場のような場所だった。バンが数台停まっていた。脇に机をひとつ置いたオフィスが十社以上並んでいる。入口に近い一軒から男が出てきた。トゥクトゥクが停まる。

「タウンジーに行きたいんだけど」

「申し訳ないけど、それがだめなんだ。外国人は飛行機しか許されていないんだよ」

外国人を乗せていいのか、どうか……調べることもしなかった。タウンジー行きの乗り合いバンターミナルでは周知のことになっている空気が伝わってくる。これは手強そうだった。少し進むと、また別のオフィスから人が出てきた。本当に申し訳ない……といった表情をつくるのだが、やはりだめだった。

「途中にチェックポイントがある？」

「ああ、いくつも……」

「タコーとかコーヘンとか？」

「いや、そこまでも行けないよ。チャイントンを出たところのチェックポイントで追い返される。わかっていながら、外国人を乗せたとなると、うちもどうなるか……」

とりつくしまもない。さらに進むと、中年の男が出てきた。融通が利《き》くかもしれない。いや、裏ルート……。作戦を変えてみた。タウンジーといったとたんに、ノーという反応が返ってきてしまう。地図を広げた。適当にタコーの手前の街を指さした。

「ここまで行きたい」

「モンピン？」

「そう、モンピン」

モンピンまでだといえば、チャイントンを出たところにあるチェックポイントを通ることができるかもしれなかった。その先はタコーだが、「ここまで来てしまったら」というミャンマー軍の恩情につけ込む……。男は地図に視線を落とし、携帯電話をとりだした。どこかと話していた。

「無理だね」

「無理？」

チャイントンへの途中の市場で昼食。僕ら客の前で、ニキビの手当てをしなくても……

「外国人はこの道に入ることが禁じられているようだ」

だめだった。次はブラックタクシーということになるのだが、ここで口にするのはまずい雰囲気が漂っている。

「どうしようか……」

トゥクトゥクの運転手と目が合った。街に戻ってもらうしかなかった。

「誰かに頼んで乗り合いバンの切符を買ってもらう方法も無理そうですよね。あのターミナルで乗り込むときにみつかってしまう」

「バンは乗り込む人数も少ないからなぁ」

「ブラックタクシー探し？」

「でも、どうやって、この話を切りだそうかと思って」

チャイントンの路上で、阿部氏と考え込む。

僕らはミャンマー語やシャン語を話すことができなかった。いや、仮に話すことができたとしても、そのへんで暇そうに煙草《たばこ》を喫《す》っているおじさんに訊くことができる話でもない。僕はあたりを見まわした。静かなチャイントンの街が、強い日射しに照らされているだけだった。

「いい街なんだけどな……」

チャイントンの乗り合いバンターミナル。タウンジー行きを運行する会社はあったのだが……

湖のほとりの食堂でビールを飲んでいた。

やけ酒？　そんなものかもしれなかった。テーブルの上には僕の好物のしょうがサラダがあった。東京にあるシャン料理屋でよく頼む料理だった。シャン州のチャイントンにいるのだから、同じ料理があって当然だったが、東京でこのサラダを食べながら立てた作戦は、みごとに跳ね返されてしまった。

この街は三回目だった。いつきても、いい街だと思う。湖の周囲に広がる街は静かで落ち着いている。中心にはワット・プラケオなどの古い寺がひっそりと建っている。いま、ビールを飲んでいる店から、ライトアップされた仏像が、山の中腹にぽっかりと浮かぶように見える。

とりたてて次の行き先もなく、ただ旅の目的地として訪ねたなら、きっと心穏やかに、街路を眺めることができただろうに……と思う。

ブラックタクシーの話を、チャイントンの街の何人かに訊いていた。一軒のゲストハウスの受付にひとりの老人がいた。切りだせそうな雰囲気があった。

「タウンジー？　誰も行かないよ。昔、トランクに客を隠してチェックポイントをかいくぐったっていう話を聞いたことはある。でもな、その運転手は、それから一カ月ほどして姿を消したって聞いた。なんでも政府軍に誘拐されたって話だったよ」

「誘拐？」

「政府軍の下っ端兵士がよく使う手さ。金をぜんぶとられて、どこかの収容所に入れられる。一生、出ることはできない。兵士から暴行を受けたって話もよく聞く。焼き打ちに遭った村もある」

「……」

「この国じゃ、ビルマ軍の兵士は、やりたい放題なんだ。シャン族なんか、いなくなればいいと思ってる」

老人の話はすべて英語だった。受付の部屋に使用人が入ってくると、急にシャン語になった。たぶん当たり障《さわ》りのない話に変えたのだろう。

老人に教えられたホテルも訪ねた。タウンジーまでのブラックタクシーの話を訊いて

荷物の上に電線押し上げ青年。荷物の積み過ぎ？（チャイントン）

みると、その中年男性は、英語がわからないようなそぶりを見せた。その話をしないほうがいいよ……そう目が語っているような、のっぺりとした表情だった。

(甘かったのかもしれない)

何杯目かのビールを飲みながら、星空を見あげた。二回目にチャイントンを訪ねたときの夜を思いだした。昼間に乗った車のドライバーが突然、部屋に現れた。日本に行きたいので、その保証人になってくれないか……と彼は小声で話しはじめた。しかし当時、日本人の名前を申請用紙に書き込む程度では、日本に行くビザはとれなかった。そう伝えると、三十歳すぎのその男の目に涙が浮かび、しゃくりあげる声が部屋に響いた。しかし僕にはどうすることもできなかった。あのとき、彼の身には重大なことが迫っていたのかもしれなかった。

シャン州の歴史を知らないわけではなかったが、そのときの僕の関心は、チャイントンという街を見てみたいということのほうが強かった。今回にしても、チャイントンからタウンジーまで、なんとか陸路を走破できないかという一点に意識は集まっていた。東京の高田馬場にあるシャン料理の店に集まるシャン人がいうように、いまのシャン州に武力衝突の気配はなかった。

「もう、そんな時代じゃないよ」

何人ものシャン人がそう口にした。それを和平といっていいのかは難しい話かもしれ

ワット・プラケオ。由緒ある寺だとは思うのだが、なかに入ることはできなかった（チャイントン）

ワット・プラケオの向かいの寺にいた少年僧たち。本当に暇そうだった（チャイントン）

ないが、きな臭さはどこからも漂ってこなかった。しかしチャイントンとタウンジーの間を走る乗り合いバンに外国人は乗ることができなかった。シャン人とミャンマー政府軍の間に積みあげられた憎しみが地層のように堆積《たいせき》し、その過去が亡霊になって行く道を閉ざしているような気にもなる。シャン人は知っているのだ。ミャンマー政府軍がシャン族に対して行ってきたような蛮行を、その規模こそ違え、彼らも政府軍の兵士にやり返してきた。

チャイントンの人々は、その事実を皆、知っているのだが、朝には僧に供物《くもつ》を差しだし、道を竹ぼうきで掃き、夕方には湖畔を散歩している。僕はそのことを、すっかり忘れていたのかもしれなかった。

翌朝のバスでタチレクに戻った。その足でタイに入国し、夜行バスでバンコクに向かった。再びミャンマーのビザをとるためだった。ローカル国境を通り、ひと筆書きのように東南アジアを一周したかった。これまで国境はなんとか通り抜けてきたのだが、ミャンマー国内の、チャイントンから先の道で行く手を阻まれてしまった。旅をはじめたバンコクの街にまた戻らなくてはならなかった。

東京のミャンマー大使館に比べると、バンコクのミャンマー大使館では簡単にビザをとることができた。日本では一週間ほどの日数がかかり、ビザ代は銀行に振り込むなど、煩雑《はんざつ》なことが多かったが、バンコクは早かった。通常でなか一日、少し多めのビザ代を

タチレクに戻る途中で見た登校前の子供たち。これがミャンマーの平均的な制服です

ビザをとるためにバンコクに。久しぶりの都会。慣れている街だというのに、緊張してしまう

払えば翌日に受けとることもできた。ミャンマーに行く航空券をもっていれば、申請した日に受けとることもできた。

パスポートに新しく捺されたビザを手に、ミャンマー国境のメーソートに向かう夜行バスに乗った。

モーチットと呼ばれるバンコクの北バスターミナルを発車したバスは二階建てだった。二階は満席だった。途中のパスポートチェックでわかったのだが、三十六席に座っていたのは、タイ人が五人、日本人が二人、そして残りの二十人はミャンマー人だった。ミャンマー人のためのバスのようなものだった。

ミャンマー人は皆、タイでの出稼ぎ組だった。この道筋をつけたのはかつてのタイの首相タクシンだった。

ミャンマーからの出稼ぎが増えた要因は、タクシン系政府がとった、最低賃金の段階的な引きあげだった。

最低賃金の引きあげは地域によってばらつきがあるが、チェンマイを見ると、二〇一一年が日給百八十バーツ、二〇一二年が二百五十一バーツ、二〇一三年には三百バーツにあがっている。二〇一三年の決定は全国的なものだった。タイ全体が一律、一日三百バーツ、日本円にすると、約千円ほどになった。好調なタイ経済に裏打ちされた政策という見方もあるが、そこには、赤シャツ派と黄シャツ派に分かれた政治的な対抗軸があると、タイ人の多くは理解している。タクシン系、つまり赤シャツ派は、支持を集めるために、最低賃金をあげていった。賃金の低い人たちの支持を固めていくための政策だった。

反発したのは、企業や工場をもつ富裕層だった。こんなに高い給料はとても払えない……という悲鳴だった。そこで政府は外国人労働者のビザ枠を広げていく。多くのミャンマー人、カンボジア人、ラオス人が合法的に働くことができるようになっていった。朝六時台にバンコクの歩道を見ると、同じ色のTシャツにヘルメットを手にした集団をときどき見かける。工事現場で働く外国人労働者たちだった。現場に運んでくれるトラックを待っているのだ。ミャンマー人はすぐにわかる。頬にタナカといわれる粉を塗っている人がいるからだ。

タナカというのは、ミカン科の木の粉である。原料の木を石板の上で水を加えながら摩《す》り、それを頬などに塗る伝統的なミャンマーの化粧品である。肌を柔らかくし、日焼けを防ぐなど、さまざまな効果がある……とミャンマー人はいう。いまの時代、ミャンマーにも一般的な化粧品があるのだが、彼らはなぜかこのタナカに固執する。よほど効果があると思っているらしい。このタナカだが、女性だけのものではない。男の子も塗っているし、バンコクで見かけるミャンマー人の男性たちも塗っている。たしかに工事現場は日に焼けるだろうが、それを気にする顔つきではない奴もタナカを塗る。やはり特別な思いがあるような気がしてしかたない。

タイで働くミャンマー人は、二〇一二年のタイ労働省の調べでは約百七万人に達している。外国人労働者の数が約百三十万人というから、八十パーセント以上がミャンマー人というわけだ。もっともこれは、タイ政府が把握している数にすぎない。不法就労者や労働者の家族もタイにいるわけで、いま、三百万人を超えるミャンマー人がタイにいるという。

あるときタイの銀行のATMを使った。カードを入れ、言語を選ぶ画面が映しだされた。そこに英語や日本語に続いてミャンマー語が並んでいた。タイのなかのミャンマー人……それはATMに登場するほどの密度をもってきている。

彼らは基本的に出稼ぎだから、たまに本国に帰る。もしバンコク近隣で働いていたとしたら、これから向かうメーソートの国境がいちばん近かった。メーソートからモエイ川を渡り、対岸のミャワディに入る。そこからヤンゴンまでは一日か二日。バンコクとヤンゴンを結ぶ最短ルートだった。

僕らはメーサイからタチレクに渡る国境から入ってみたのだが、チャイントンから先へは一歩も足を踏みだすことができなかった。タイに再入国し、ヤンゴンに向かうことにした。選んだのは、メーソートから向かうルートだった。

バンコクからメーソートはそう遠くない。ノンストップで向かえば六時間ほどである。

タナカはこんな感じで売られている。ミャンマーではありふれた光景だが。タナカの使い方は本文で

しかしバスの発車は夜の十一時だった。その理由は午前三時にわかった。突然、車内が明るくなった。検問だった。メーソートに向かったのは一月末のことで、タイが最も冷え込む時期である。乗客たちはタオルをマフラー代わりにして降りていく。車掌がやってきて、タイ人と日本人は検問を受けなくてもいいといわれた。そして次の検問が午前四時、そして三回目の検問が午前五時。そのつど、三十分ほど停車した。国境に向かうバスはなかなか眠らせてくれないのだ。

メーソートのバスターミナルに着いたのは朝の七時だった。そこから国境までの三キロの道をトゥクトゥクで走る。冷えた風に身を縮めた。

「ナーウ」

トゥクトゥクの運転手が、寒いと何回も口にした。ラオスのオウ川をくだった船を思いだした。あのときも、船頭の奥さんは、「ナーウ」と何回となく口にしていた。

この国境も数回、訪ねていた。かつてこのルートは、味の素ロードと呼ばれていた。タイでつくられた味の素がメーソートから川を渡り、山を越えてモーラミャインまで運ばれていった。当時、このエリアは政府の力が及ばないカレン族の支配地域だった。カレン族の男たちが、五十キロにもなる味の素を背負い、二日がかりで山を越えていった。カレン族にしたら、現金収入を得るひとつの手段だったが、対外的には密輸だった。モーラミャインまで運ばれた味の素は、列車に積み込まれ、ヤンゴンに向かったという。

はじめてこの国境にきたとき、まだ橋はなかった。モエイ川の中州までがタイ領という判断だったのか、そこにはタイ国旗が掲げられていた。竹を組んだだけの簡易な橋が中州までつないでいた。タイ軍の兵士に訊くと、中州までは行っていいといわれた。そこから二十メートルほど先にミャンマー、当時のビルマがあったのだが、ときおり、緑色の軍服を着た兵士が馬に乗って監視していた。二十年ほど時間が遡ったような世界に映ったものだった。

やがてこの川に、コンクリート製の立派な橋が架けられたが、そのほぼ中央に有刺鉄線を張りめぐらした壁がつくられ、通過することができなかった。この時代が長く続いた。ミャンマー領内では、カレン民族解放軍と政府軍の衝突が続いていたのだろう。

しかしいま、この橋は簡単に行き来ができる。急ぎ足で橋を渡った。袂《たもと》にゲートがあり、その脇にミャンマーのイミグレーションがあった。そこから眺めると、ミャンマー側の道に沿って机が並び、その上にミャンマーの札が束になって積まれていた。両替商だった。そこで金を替えるのは、バンコクからのバスを埋めていた出稼ぎミャンマー人だった。タイで稼いだ金を、ここでミャンマーの金に替え、家族が待つ家に向かうのだった。

イミグレーションには、人のよさそうなおじさん職員がいた。二日前にタチレクでミャンマーを出国した記録になんの疑問も抱かず、ポンと入国スタンプを捺してくれた。

ミャワディの裏道。パゴダの周りに、木造家屋が建っている。典型的なミャンマーの地方都市風情だ

そしてパスポートを返しながら、こういった。

「ヤンゴン行きは明日ですよ」

「はッ？」

ミャンマーでは道が狭い幹線道路があり、一日おきの一方通行になっているという話は耳にしていた。そこがこのミャワディからの道だったのだ。チャイントンから先のルートにばかり気がいき、ミャワディからの道についてはほとんど調べてはいなかった。いや、チャイントンからタウンジーまでの乗り合いバンに乗ることができたら、ここまでやってくることもなかったのだ。

イミグレーションで正確に訊くと、一方通行の区間は、ミャワディからパアンまでだった。かつてカレン族の男たちが味の素を背負って越えた山道である。そこから先はヤンゴンとモーラミャインを結ぶ幹線になる。

検問でしばしば起こされる夜行バスに乗り、急いでミャワディまで来たというのに……膝《ひざ》かっくんである。気が抜けてしまった。これなら昼間のバスに乗り、メーソートに一泊しても同じではないか。六十歳に近いのだから、もう少し体をいたわりながら旅をすることもできた。

しかたなかった。一方通行で生まれた旅の休日……やらなければいけないことは、翌日のバス予約だけだった。道に沿って何軒ものバス会社があった。途中のパアンで一泊し、翌日にヤンゴンというスケジュールのバスが多かった。大型バスと五人乗りの乗り合いタクシータイプがあり、大型バスは一万チャット、乗り合いタクシーが二万五千チャット。日本円にすると、それぞれ約千八十円と約二千七百円だった。何軒かあたっていくと、朝八時半に出発して、その日の夜十一時にヤンゴンに着くバスがあった。その場で決めてしまった。運賃は一万チャットと一泊するパターンと同額だった。ミャワディでバスを待った一日をとり返すこともできる。

翌日の深夜、正確にいうと二日後の午前零時半、僕らはヤンゴン郊外のバスターミナルにいた。バスは一時間半遅れでヤンゴンに着いたことになる。しかしヤンゴンに着いたバスは、ミャワディを出発したときに乗った日本製の中古バスではなく、中国製だった。運転手も違う。

バスターミナルの出口には、タクシードライバーが集まっていた。

「九千チャット」

それはいくらなんでも高い気がした。日本円にすると千円近い。

一年半ほど前、ヤンゴンを訪ねていた。そのときの物価をつらつらと思い返す。路上で買ったゆでトウモロコシが二本で百十チャットだった記憶がある。食堂で三品ほどの料理をご飯の上に載せてもらって千チャット。市内のタクシーはかなり乗っても二、三千チャットだった。バスターミナルから市街地へは少し距離があるといっても、九千チャットは……。しかし運転手は強気だった。一チャットもまけようとしない。

スーレーパゴダの近くでタクシーを降りた。午前一時をまわり、開いているホテルも少なかった。ビルの裏手にある中級ホテルに部屋があった。フロントの男性は、コンピューターで空室を確認しながら、

「一泊百十ドルです」

といった。

「百十ドルッ」

一瞬、手にしていたノートを落としそうになってしまった。フロントを見るかぎり、それほど大きなホテルではない。ゲストハウス風のつくりである。欧米でも、六十〜七

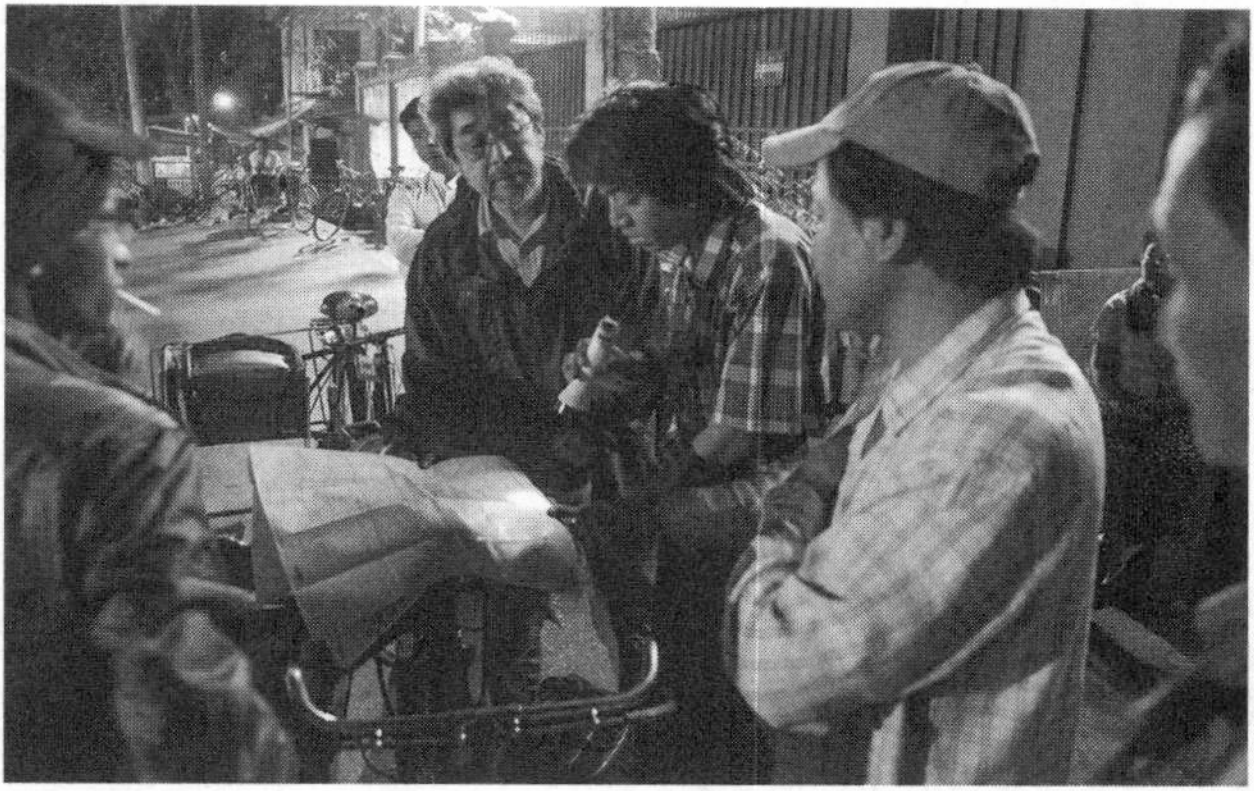

ヤンゴンのバスターミナルに着いた。タクシー運転手と市内までの運賃値切り中。背中が痛い

十ドルといったレベルに映る。

ヤンゴンのホテルが高くなってきたことは知っていた。一泊三百ドル、四百ドルという話も耳にしていた。しかしそれは主に、ビジネスマン向けホテルの世界の話だった。三十年ほど前から、一、二年に一回のペースで訪ねていた僕には、しばしば泊まるホテルがあった。一年半前、そのホテルを訪ねると、かつては二十ドルほどだった宿代は四十ドルに値上りしていた。フロントにいた主人は、どこか申し訳ないような表情をつくった。民主化政策に舵《かじ》が切られ、海外からの資本がミャンマーに流れ込んでいたが、実体経済は追いつかず、ただいたずらに外国人用ホテルが値あがりしていくという構図を、宿の主人はわかっていた気がする。主人には、ミャンマーにやってくる

これで110ドルのヤンゴンの宿。この背後は壁。以前はシングルの部屋だった気がする

旅行者との長いつきあいがあった。

だから若いミャンマー人ホテルマンの表情は不遜《ふそん》にも映った。あたり前のことのように百十ドルと口にする。浮足だった社会を疑問もなく受け入れる尊大さといったらいいのだろうか。

ヤンゴンの街には、降って湧いたような儲け話がごろごろ転がっているのだろう。以前はすることもなく、パゴダで瞑想に耽《ふけ》っていた男が、突然、靴を履き、タブレットを片手に街を歩きはじめるような空気がヤンゴンにはあった。以前、出勤する女性公務員たちの多くは、買い物かごのようなビニール製のバッグに、ぶ厚い本を入れていた。街の人々は、「仕事がないから、一日中、本を読んでいるんですよ」と皮肉っていたが、そう口にする彼らにも仕事がなかった。そんな貧しくゆるい空気が一転し、人々は訳もなく走りはじめていた。気が急《せ》くのだろう。

ヤンゴンと首都のネピドーを結ぶ道は、死の街道とも呼ばれていた。会議や許可をもらうために、ヤンゴンの男たちはしばしばネピドーに向かうようになった。車を使う人が多いのだが、焦《あせ》る彼らはスピードをあげ、交通事故がしばしば起きる道になったのだという。

突然の好景気なのだ。ミャンマーが高度経済成長の扉を開けたのかどうかは、まだ誰もわからないと思うが、少なくとも金が動きはじめたのだ。そのなかでミャンマー人は、どちらに向かったらいいのかわからないというのに、がむしゃらに走りはじめている。それは軍事政権という抑圧が薄れたなかでの爆発に似たエネルギーの発散だった。しかしその行動は、ときに暴走する。

そういうことだったのかもしれないな。

ベッドの上で、背中に痛みが走らないよう、そろそろと体の向きを変えながら考えてもみるのだ。

百十ドルのホテルの部屋は狭かった。ツインの部屋だが、ふたつのベッドの間は五センチもない。少し体を動かしただけで、顔をしかめてしまうような鈍い痛みが背中を包む。いったい横転したバスの、どこにぶつけたのだろうか。

ミャワディに着いた翌朝、バスは八時半に出発した。ボディに『ＪＲ』という文字が躍る日本の中古車だった。しばらく街のなかを走ると、検問ゲートに出た。しかしチャイントンへの道とは違い、パスポートチェックはなかった。この一帯はかつてカレン民族同盟の支配エリアだった。ミャンマー政府との間に和平合意が結ばれたおかげで、僕らもこのエリアを通過することができるようになった。シャン州とは違い、いったん和解が成立すると、チェックポイントを廃止できるのがカレン族との関係だった。もっともそれも、完全ではないことを後日、知らされることになるのだが……。

検問ゲートを過ぎると、急に山道になった。舗装も消えた。今日はパアンまで向かう車だけが通行できる日だから、バスや客や荷物を積んだ乗り合いタクシー、そしてトラックが一斉に山を越えようと集まってくる。まもなく狭い山道にはまるでキャラバン部隊のような車列ができあがっていった。スピードは遅かったが、バスは順調に進んでいた。しかし十時頃、車列は動かなくなった。しばらくすると数十メートル進み、また停車。そんなことを繰り返しているうちに、十時半頃、バスは完全に停まってしまった。前後に並ぶ車もエンジンを切り、運転手や乗客は車を降りはじめる。

僕らが乗ったバスの運転手も車を降りた。車列の先頭を見にいくようだった。道は山の斜面につくられていて、頂に近い道には一台の車も見えなかった。どこかで車が故障

ミャワディ。今日はパアンやヤンゴン行きの車が、一斉に出発する。朝から街にも気合いが入っていた

このバスに僕らは乗った。中古のＪＲバスだ。間もなく発車する。その後の顚末をここにいる人は誰も知らない

しているのだろう。僕らもバスを降りて、様子を見にいくことにした。五分ほど坂道をのぼっただろうか。原因はトラックだった。道のまんなかに停まっていた。このトラックを脇に寄せれば、バスが一台通ることができるスペースができるだろうか。僕らが乗ったバスの運転手は集まってきた男たちと相談をはじめた。運転手はルンギーというミャンマー式の筒状のスカートにサンダル履きだった。ミャンマーでは男でもルンギーを穿《は》く人が多い。どこかリーダー的に仕切っていたから、この道を往復した回数は多そうだった。

運転手を残してバスに戻った。乗客たちは皆、眠そうにしていた。バスはしばらく動かないことを知っているのだろう。停まってしまった車の間を縫うようにバイクが何台も通りすぎていく。後部座席に乗る客はひとりかふたり。ひとりの場合は、かなり大きな荷物を積んでいる。バイクは一方通行の対象になっていないようだった。坂道をくだってくるバイクも多い。日本だったらオフロードバイクが走るような道である。そこを九十cc程度の小型バイクが走っていく。ミャワディとパアンの間は五、六時間の距離である。バイクの運転手も大変だが、後ろに乗る客もかなり疲れるはずだった。バイクタクシーは東南アジアでは日常の乗り物だが、主に街なかを走るものだ。長距離バイクタクシーがあるのはミャンマーぐらいかもしれない。それも未舗装の山越え悪路を専門にしていることが多い。日本製の中古バイクは、ミャンマーの辺境の人々の往来や物流を

故障で停まったトラック。僕らが乗ったバスは、ずっと後ろで停まっている。未舗装の悪路。雨季には通りたくない

支えていた。

　バスの脇でぼんやりしていると、次々に物売りがやってきた。氷を入れた重そうなバケツのなかには冷たい飲み物が入っている。菓子類やスルメ、キャンディー、煙草などを山のように積んだバイクも現れた。バナナの葉で包んだそばを売る人もいる。まるで森のなかで待機していたかのようにわらわらと現れる。アジア人のたくましさといったらそれまでだが、いったいどうやってトラックの故障を知ったのだろうか。

「ひょっとしたら、毎日起きているのかもしれないなぁ」

「たしかに。ミャンマーって中古車ばかりでしょ。整備をちゃんとやっているのかどうかもわからない。でも、急に車が増えて……。今日だって数百台、いや千台を超えているかもしれない。これだけの車が走れば、一台ぐらい、必ず故障しますよ。道も悪いしね」

「昨日、バスの切符を買うとき思ったんだよ。どうしてパアンで一泊っていう日程のバスが多いんだろうかって。これだったのかもしれない。毎日、何時間かは停まるんですよ。だから、ヤンゴンまで一気に行けない」

「そういうことかも。山のなかで暮らすカレン族にしたら、新しい商売が生まれたってわけ?」

かつて彼らは、五十キロにもなる味の素を背負ってこの道を越えた。二日間かかった。どれほどの金をもらえたのだろうか。時代は変わった。昔は徒歩で越えた山道を、いまは車が通るようになった。それは大変な進歩なのかもしれないが、その車がよく故障するから、物売りでまた小銭を稼いでいる。この一帯に住むカレン族は、いつもこの険しい山越えの道が生む仕事で生きている。なんだか、なにひとつ変わっていないような気にもなるのだ。

十二時近くになり、やっとバスにエンジンがかかった。トラックを脇に寄せることができたらしい。二時間近く停車していたことになる。バスは車列のなかをのろのろと動いていった。車内はそれほど混みあってはいなかった。ふたり分の座席をひとりで使うことができた。阿部カメラマンはすぐ後ろの席だった。

車が停まると、待ち構えていたかのように物売りが現れる。かなり売れていた。悪路と中古車が生む堅い商売だ

バスは三十分ほど走って峠を越えた。スピードが一気にあがった。おそらく多くの車が先を急いでいた。遅れをとり戻そうとしていたのだろう。

坂道をくだりはじめて最初のカーブを曲がった。

「ン？」

減速しない。加速している。僕はそのとき、靴を脱ぎ、足を座席の上にあげ、背を窓側にもたせかけるような体勢で座っていた。一瞬、首をまわして外を見た。窓から晴れ渡った乾季のミャンマーの空が見えた。視界の下側を木々がさっと通りすぎていく。木々は緑色のはずなのだが、記憶のなかでは冬のロンドンの木立のように黒い。さらにスピードがあがった……。

それは一瞬の静寂だった。深い湖の底にいるような感覚。時間にすれば、二秒とか三秒のレベルなのだろうか。聞こえてきたのは、女性の泣き声だった。頭の上のほうから聞こえてくる。首を捻《ひね》るようにして見あげると、そこに女性がうずくまっている。

頭のなかが、しだいに整理されていく。彼女は通路を挟んで反対側の席にいた。その女性が僕の頭上にいる。彼女の体は、僕の頭上を飛んでいったのだ。彼女がうずくまっているのは天井と荷棚の境目あたりだ。

横転していた。

「大丈夫?」

「僕は大丈夫。下川さんは?」

阿部カメラマンの声が聞こえた。

なにをしたらいいのかわからなかった。眼鏡を探した。靴はどこにあるのだろうか。荷物やガラスの破片が散乱するなかで、イモムシのように体を動かしていると、頭上から手がさしのべられた。精悍《せいかん》な顔つきのミャンマー青年が腕を握ってくれる。やっと探しだした靴を履き、彼に支えられて横転したバスのなかを歩く。ガラスが割れる音がガリガリと響く。フロントガラスが割れ、バスの正面はぽっかりと開いていた。そこをくぐって外に出た。

バスはみごとに横転していた。ちょうど道が大きく曲がるところで、道の外側に草地があった。そこに車体の底を剝《む》き出しにして横になっていた。そのスペースがあって救われた。その外側は深い谷である。そこに横転してしまったら、山の斜面で呻《うめ》いていたかもしれない。

運転手は腕から血を流しながら、携帯電話に向かって叫んでいる。ひとり、またひとりと、男たちに支えられながら乗客がバスから出てきている。

「鞄《かばん》、どうしようか」

「僕がとってきますよ。だいたいの場所がわかるから」

阿部カメラマンが再びバスのなかに入っていった。周囲の車はすべて停まっていた。男たちは全員が車から降り、救出を手伝っている。妊婦がひとりいた。彼女を乗用車に運び込んでいる。急いでパアンにある病院に連れていくらしい。

阿部カメラマンが荷物を手にバスから出てきた。

「僕の席の反対側にいた男が、パーンっていうんですか、口のなかが赤くなるやつ……あれを噛《か》んでいたんです。赤い唾液《だえき》をペットボトルのなかに吐いていて、それが飛び散っちゃって。一瞬、血かと思いましたよ」

パーンというのは、キンマの葉に石灰を塗ったものにビンロウジの種などを包んで噛む一種の嗜好品《しこうひん》である。口のなかが痺《しび》れるのだが、これがミャンマー人は大好きだった。唾液が赤くなるので、知らない人は少しびくりとする。

横転直後の車内。右側の女性は、通路を挟んで、僕の左側に座っていた。
阿部氏のカメラマン魂が残した写真だ

これからどうなるのかもわからなかった。日陰に入り、ただぼんやりするしかない。写真を撮ってきた阿部カメラマンが教えてくれる。

「路上にブレーキの跡がなにもないんです。たぶんあれですよ。長いくだり坂を普通のブレーキだけでくだっていくと、突然、ブレーキが利かなくなることがあるっていう現象。ブレーキがまったく利かなかったんだと思います」

二十年ほど前、中国の山間部で、ブレーキが利かなくなることが原因の事故がよく起きた。当時、僕は『格安航空券ガイド』という雑誌の編集にかかわっていた。その編集部にいたひとりの女性が、仕事を辞め、中国への旅行に出たのだが、その先でバス事故に遭ってしまった。麗江《れいこう》から大理《だいり》にくだるバスだった。おそらくそのバスも、ブレーキが利かなくなった可能性が高かった。

日本のドライバーはこの事故を防ぐため、エンジンブレーキを使って坂道をくだっていく。当時、中国人ドライバーのなかには、エンジンブレーキというものを知らない人がいるという話も聞いたことがあった。しかしある中国人はこんなことをいった。

「エンジンブレーキのことは、だいたい知っていますよ。ただ、それを使うと、坂道をくだるのが遅くなる。それにガソリンの消費も増える。だから使わないんだよ」

この話のほうに、僕はリアリティーを感じていた。あの頃、中国には高度経済成長の波が打ち寄せはじめていた。「豊かになれる人から豊かになればいい」という鄧小平《とうしょうへい》の言葉に、人々は目を輝かせた。そして封印されていた商売魂に一気に火がついていった。人々の歩き方が速くなり、勝ち組が次々に生まれていった。そんな風潮のなかで、人々は急いていた。バスのドライバーにしても、少々の危険を孕《はら》んでも、速く、そしてガソリンの消費量が少ない運転になびいていくのは当然だった。そこで起きる犠牲をものともしない勢いが、中国の経済成長にはあった。

当時の中国といまのミャンマー——。その規模こそ違え、どこかが似ていた。山を越えたくだり坂を、多くのドライバーがエンジンブレーキを使わずに運転している気がするのだ。

しばらくすると警察も姿を見せた。しかし救急車らしき車は現れず、病院という話も聞こえてこない。それほど重傷の人がいないといえばそれまでだが、ただ道端に放置されているだけだった。それでも彼らなりに話が進んでいたらしい。ミャワディからやってきたバスに乗ることになった。横転したバスに乗り合わせた客のためにバスを用意したわけではなかった。ミャワディを出発していたバスのなかで、空席が多いバスと話をつけたというだけのことだった。

そのバスに乗り込もうとすると、ひとりの男から、

「フォーリナー（外国人）？」

と声をかけられた。頷《うなず》くと、近くにいた男たちとなにやら話がはじまった。結局、僕

らふたりは、声をかけた男が運転する乗り合いタクシーに乗ることになった。外国人への優遇ということのようだった。

横転事故の直後ということもあったのか、乗り合いタクシーはゆっくりと山道をくだっていく。冷房が効いた車内に座り、穏やかな運転に身を任せていると、ようやく落ち着いてくるのがわかった。やはり事故現場では神経がざわついていた。一瞬のできごとだったかもしれないが、交感神経は一気に興奮し、収まりのつかない状態が続いていたのだろう。乗り合いタクシーは、急ぐ車に追い抜いてもらうために、しばしば道の端に停車した。エンジンをかけるたびに、

「カードが挿入されていません」

という日本人女性の声が車内に響く。三菱の中古車は、ETCの機能がついたままミャンマーに輸出されていた。その声を聞きながら、ついぼんやりしてしまうのだった。

山道をくだり、平地に出たところに二カ所のチェックポイントがあった。どちらも運転手がパスポートを詰め所にもっていってくれたが、その場で事故のことを伝えているようだった。二カ所目のチェックポイントでは、心配した兵士が車に駆け寄ってきた。体は大丈夫かと、身振り手振りで訊いてきた。そのときは僕も阿部カメラマンも、なんの異常もなく、かすり傷ひとつ負っていないものだから、「大丈夫、大丈夫」と日本人にありがちな人のいい笑みをつくってしまった。もしこれが日本や欧米だったら、一応、

この運転手がパアンまで運んでくれた。アウンサンスーチー率いる国民民主連盟のシールを車に貼っていた

病院で検査をという流れに進んでいくと思うのだが、ミャンマーでは、その先に、「それはよかった」というアジア人らしい笑みが返ってくるだけだった。実際、その先にはなにもなかった。乗り合いタクシーが病院に向かってくれるかもしれないという淡い期待はあったが、車が停まったのは、パアン市内にあるバス会社のオフィスの前だった。そこには中国製のバスが一台待機していた。入口の机の前に女性が座っていて、「チケット」という。差しだすと名簿に名前を記入し、それで終わりだった。

オフィスの裏にある、プラスチック椅子を木陰に並べただけの待合所にいると、横転事故に遭った乗客が三三五五集まってきた。バス組が多かったが、乗り合いタクシーでやってきた人もいた。通常はここで、バス会社のスタッフとの話がはじまると思うのだが、そんな雰囲気はなにもなく、乾季のミャンマーの心地いい風が木立の間を吹き抜けていくだけだった。なかには両脇を家族に支えられ、足を引きずるようにしてオフィスに現れた女性や、腕に止血のための布を巻いた若い女性もいるのだが、皆、なにごともなかったかのように、待合所に座っていた。やがてバスが出ることが伝えられ、皆、ぞろぞろと乗り込んだ。

バスはここからヤンゴンに向けて北上していく。日は西に傾き、みごとな夕焼けが広がっていた。車窓に頭をもたせかけて茜色《あかねいろ》に染まる風景を眺めながら、「これでいいんだろうか」と呟《つぶや》くしかなかった。

右側の背中から脇腹にかけて痛みを感じたのは、夜の八時頃だった。夕食の時間になり、バスを降り、食堂に向かって歩きはじめたときだった。

「やはりどこか、ぶつけていたかな」

そんな気がした。軽い打ち身……。実際、そんな感覚だった。しかしその後、痛みが引くことはなかった。肋骨《ろっこつ》が三本折れていたことを知らされるのは、それから六日後のことだった。

「二泊はできないな」

朝のヤンゴンの街を眺めながら、そう思った。なにしろ一泊百十ドルなのである。もしもう一泊するなら、安い宿に移ることになるのだろうが、そこまでしてヤンゴンに留まるつもりはなかった。ヤンゴンの街にタッチするだけのようなものかもしれないが、このホテル代の高さの前ではしかたなかった。

南下の旅をはじめることにした。ミャンマーの東部、アンダマン海に沿って、ミャンマー最南端をめざすことになる。朝、起きると、背中の痛みはやや薄らいでいる気がした。打ち身が治ってきたように思った。その勢いで、ヤンゴン駅の北側に並ぶバス会社のオフィスに向かった。何軒かが店を開けていた。

「ダウェイまで行きたいんだけど」

「ダウェイ？　バスは走っているんだけど、なぜかわからないけど、ヤンゴンでは外国人には売れないんだ。途中のモーラミャインまで」

チャイントンの乗り合いバスターミナルの光景が脳裡《のうり》をよぎった。バスが着いたモーラミャインの街で、飛行機しか足はない……といわれるのではないか。しかしシャン州とは違い、カレン族が多い一帯である。ミャワディからのパスポートチェックを考えれば、状況はいい気がする。

「外国人はモーラミャインからダウェイまでバスに乗ることができない？」

「いや、そんなことはないよ。昔は戦闘があってだめだったけど、いまは大丈夫。ヤンゴンで切符を売れないだけさ」

この言葉にすがるしかなかった。モーラミャインまでは一時間に一本ほどの割合でバスが走っていた。

ヤンゴン駅の南側の歩道橋の階段に座るひとりの僧が目に留まった。ミャンマーの僧はタイやラオスとは違い、えんじ色の僧衣をまとっている。その胸をはだけ、だらしなく座っていた。前には缶が置かれ、そのなかに少額の紙幣が入っていた。僧の物乞いだった。僕の旅は東南アジアの上座部仏教圏を歩くことが多い。これまで星の数ほどの僧を見てきたが、物乞いをする僧ははじめて見た。いや、チャイントンの少年僧も、物乞いに近かった。泊まったホテルで朝食をとっていると、托鉢《たくはつ》に歩いていた彼がホテルの入口に立った。そして短いお経を唱えた。ホテルのスタッフは無視していたが、少年僧は立ち去ろうとしなかった。五分が経ち、十分が経っても、少年僧はただ立っていた。ホテルのオーナーが、フロントの男に目配せした。男が百チャット紙幣を鉢のなかに入れると、ようやく少年僧は立ち去っていった。彼も物乞いと大差はなかった。

上座部仏教の僧は、自ら収入を得ることを禁じられていた。食べ物や僧衣も、すべて人々からのお布施《ふせ》でなければいけなかった。早朝、僧たちは托鉢に出る。人々が道端にひざまずき、僧が手にする鉢のなかに食べ物を入れる光景は、上座部仏教圏のありふれた光景だった。

ミャンマーではその構図が崩れてきてしまっているのかもしれなかった。横転したバ

ミャンマーの僧侶のなかには、どこか不遜な雰囲気をもっている人もいる。穏やかさがない

スのなかにも、ふたりの僧がいた。最前列に座っていた。僕が車内から外に出ると、ひとりの僧がスマートフォンを手に、横転したバスの写真を何枚も撮っていた。僧が写真を撮ってはいけないわけではないが、その姿はカメラマンのようで、僧の身のこなしではなかった。なにかが違うのである。

二〇〇七年、軍事政権に反対する大規模な抗議行動が起きた。きっかけをつくったのは学生や軍事政権に対抗する活動家たちだったといわれる。軍事政権は強硬手段でこのデモを鎮静させようとしたが、僧たちがこのデモに加わりはじめた。軍はこのデモを解散させようとし、そのなかで三人の僧が負傷。僧たちが一気に立ちあがった。ヤンゴンのデモには、一時、僧を中心に十万もの人々が加わったという。

日を追って増える僧によるデモ……。それは仏教国ミャンマーの軍事政権にとっては脅威だった。民主化を叫ぶ学生たちとは次元が違った。僧のデモがはじまってから約二十日後、軍は僧院に踏み込むことになる。数百人の僧を逮捕するのだ。そのデモの渦中で、日本人のビデオジャーナリスト、長井健司氏が銃殺された。実際、僧のデモを鎮圧した軍が、どんな行動に出たのかは藪のなかだ。僧衣を剝《は》ぎとられた僧の死体が川に浮かんでいるという報道もあった。

僧に協力した民間人も次々に逮捕された。僧たちはヤンゴンのシュエダゴンパゴダに集まって抵抗した。食料や水を差し入れた人々も捕まった。

僧に手をさしのべれば軍ににらまれる……この一件以来、ミャンマー人のなかには、そんな空気が流れているのだろうか。僕はミャンマーの仏教界に詳しくはない。人々の僧への対応をつぶさに観察していたわけでもない。しかし、タイの仏教や僧たちに慣れ親しんだ身からすると、物乞いをする僧という存在は異常なことだった。目の前に鉢を抱えた僧が立っているというのに、供物をさしだそうとしないミャンマー人は、仏教徒の風上にも置けない存在に映るのだ。

僧に供物を捧《ささ》げることで徳を積んでいく。それは上座部仏教の基本理念だと思っていた。少なくともタイではそう習った。ミャンマーの軍事政権というものは、そこまで崩してしまったのだろうか。

ヤンゴンのシュエダゴンパゴダ。外国人の入場料は８ドル。2013年に値あげされた。これも民主化の結果？

ミャワディの街で、ナッ神の祭りに遭遇した。バスが翌日の出発だと知らされた日、とくにあてもなく街のなかを歩いていると、ある路地から怪しげな音が聞こえてきた。近づくと、道を塞《ふさ》ぐようにして安っぽい装飾で色どられた祭壇がつくられていた。巨大なスピーカーも置かれ、シャツが揺れるほどの音があたりに響いている。祭壇の向かいには太鼓やシンバルを円形に並べた打楽器、その前には民族楽器の奏者が座り、耳障りな音を出していた。しばらく観ているると、女性がふたり、女装した男性に支えられるようにして現れ、祭壇の前で踊りはじめた。

ナッカドーといわれる霊媒者だった。ナッの神が憑依《ひょうい》した状態だと、昔、教えられたことがある。本当なのか、演技なのか、いまひとつはっきりはしないのだが……。

ナッ神信仰は、ミャンマーの民間信仰である。ミャンマーの多くの人が信ずる仏教は、生きることとの意味を問うような高等宗教で、日々の祈りごとや祟《たた》りの受け皿にはなってくれない。そこで生まれたのがナッ神だった。パゴダに行くと、仏像なのか人形なのかわからないとぼけた顔の像があるが、あれがナッ神である。そしてナッ神の祭りには、ナッカドーは欠かせない存在である。ナッカドーを女装男性が担うこともあるという。こういうと彼らには悪いが、その光景は、どこか怪しげである。

政治とはまったく縁がなさそうで、僧のようにデモをはじめる要素もない。多くのナッカドーが踊りながら軍事政権に拳《こぶし》をあげるとしたら、ミャンマーはますます面妖《めんよう》さを増してくるのだろうが、ミャンマーの人たちは、このナッ神の祭りにも、距離を置こうとしている風でもあった。

さほど広くもない路地に祭壇をつくり、そこに響く音は耳を塞ぎたくなるほど大きい。そしてその音楽は騒音に近いほど耳に痛い。この路地に沿って家が並んでいたが、そこには人が住み、商店もあった。彼らにしたら傍《はた》迷惑な祭りだったのだろうか。祭壇脇の家では、おばさんが汗を拭《ふ》きながらミシンを踏んでいた。その隣の家では、母親とふたりの子供が床で昼寝中だった。話もできない音響のなかで、はたして眠ることができるのかと思うのだ。彼らはただ無関心を装って目を閉じているだけかもしれなかった。

右側がナッ神。威厳というものがまったくない。これが神？　ミャンマーに行くたびに悩んでしまう

頭に布を巻いて踊るのがナッカドー。一見、小太りのおばちゃん風だが、最後には気を失った。演技だろうか……

力を後ろ盾にした強権が支配する社会では、ただひたすら、音もたてずに暮らさなければならない。目につかないように息をひそめる日々である。ミャンマー人は六十年以上も、そんな暮らしを続けてきたのだ。いまのミャンマーの大人たちは、生まれたときから、軍事政権に晒《さら》されてきた。そのなかで暮らす以外の方法を知らないのだ。デモが起きても同調せず、淡々と日々の暮らしを続けていく。それがこの国では、いちばん安全な生き方だった。大音響のなかで、黙々とミシンを踏むおばさんの顔がそう語っているようにも思うのだ。

三時にヤンゴンを発つモーラミャイン行きのバスに乗った。ヤンゴンとモーラミャイン間は、ミャンマーでは幹線道路のひとつである。道は凹凸が少なく、背中に響くショックも少なかった。モーラミャインに着いたのは夜の九時だった。泊まることも考えたが、先のバスが気がかりだった。チャイントンの件がある。ダウェイまでのバスを確認しておきたかった。

ダウェイ行きは別のバスターミナルから出るという。バイクタクシーで向かった。昼間なら、もう少しバスターミナル然とした一画に映ったのかもしれない。連れていかれた場所は、暗闇のなかに裸電球に照らしだされた店が数軒あるだけだった。一軒のオフィスの前でバイクを降りた。オフィスといっても、地面の上に木製のテーブルをひとつ

モーラミャインへの道で出合った積み過ぎトラック。普通、ここまでやる？
運転席からの視界もわずか

置いただけだった。ひとりの女性が座っていた。

「ダウェイまで行きたいんだけど」

「ダウェイ？」

「そう、今晩でも、明日のバスでも」

「外国人は乗ることができません」

不安は当たった。モーラミャインとダウェイの間では、かつてカレン民族解放軍と政府軍の衝突がしばしば起きていたと聞いていた。しかし両軍はいま、和平に合意していた。以前は外国人がバスに乗ることはできなかったかもしれないが、いまは状況が違う。ミャンマーという国で、そんな公式な話をもちだしたところで、ひとりの兵士がNOといえば先に進めないことはわかっていた。しかし、ヤンゴンのバス会社の男が、「大丈夫だ」といった。それを盾にするしかなかった。

「そんなことはないはず。ヤンゴンでは大丈夫だといわれたけど」

「だめなものはだめなんです」

「そんなはずはない……」

しばらく沈黙がテーブルの周りを包んだ。なんとかねじ込みたかった。ヤンゴンのバス会社の男が大丈夫だといっている以上、脈はありそうな気がした。

割って入ったのはバイクタクシーの運転手だった。軽そうな兄ちゃんだったが、一応、気にしているらしい。会話がミャンマー語になった。

運転手が僕のバッグを手にした。

「ん？」

バイクに乗ろう……と手振りで伝えてきた。別のオフィスに行くのだろうか。

バイクが向かったのは、道を挟んだ斜め向かいのオフィスだった。若い男女のスタッフがベンチに座っていた。兄妹だろうか。

「ダウェイまで行きたいんだけど」

「ひとり一万二千チャット」

電卓に数字を打ち込んだ。日本円で千三百円ほどだ。

「行ける？」

阿部カメラマンに目配せを送った。

「本当はどっちなんでしょう」

「本当は行けるけど、あっちのオフィスの女性が知らないか、本当はダメだけど、このオフィスのスタッフが知らないか……」

「本当はダメだとしたら？」

「たぶん、途中のチェックポイントで追い返される」

「……」

「行くしかないかもな。追い返されることを覚悟の上で。早くバスに乗ったほうがいいかもしれない。調べたら、やっぱり乗ることはできない……なんていわれる前に」

「今夜？」

訊くと夜の十時と、朝四時にバスがあるという。夜十時といえば、あと二十分ほどである。それに乗るしかないと思った。朝まで待つ間に、状況が変わるかもしれない。その前に、とりあえずモーラミャインを脱出する。それしかなかった。正直なことをいえば、少し休みたかった。やはり背中が痛かった。打ち身を治すために、白血球が必死で働いているのかもしれない。なにか疲れやすい気がする。そんな体で夜行バスはつらそうな気がした。しかし行くしかなかった。

バスは十分ほど遅れてオフィスの前に現れた。午後にヤンゴンを出発したバスのようで、半分ほどの席が埋まっていた。

寒かった。車内は冷房がかなり効いていた。韓国製だったが、車内はかなり狭かった。バスはすぐに発車した。しばらくすると、背中が疼《うず》いた。車内の寒さが打ち身にはよくないのかもしれない。

三十分ほどはよかったが、舗装はそこまでだった。突然の揺れが車体を包んだ。細かいバイブレーションのような揺れだった。振動はしだいに激しくなっていった。ペットボトルの水を飲むことがなかなかできない。口までうまくもっていけないのだ。少し眠ろうかと、窓枠にシャツを丸めて置き、枕代わりにするのだが、振動ですぐに落ちてしまう。いったいこのバスは、どんな道を走っているのだろうか。

周囲に家はないようだった。車体が左右に大きく揺れるようになった。雨季の間にできた大きな轍《わだち》が見えた。

二十数年前に乗ったバスを思いだしていた。パキスタンのクエッタからイランとの国境のタフターンまで乗った夜行バスだった。多くのアフガニスタン難民を乗せたそのバスは、ある地点から突然、猛烈な揺れに包まれた。車体全体がバイブレーションのように揺れた。砂漠の食料にと買っていたリンゴをかじることすらできないほどだった。ごつごつとした岩が随所に顔をのぞかせる登山道のような道を走っているのかもしれなかった。

それから二十年ほどが経ち、同じ道をバスで走ったことがあった。道は憑《つ》き物がとれたかのような穏やかさだった。しかしミャンマーには、バスの車体を巨大なバイブレーターに変えてしまうような道が残っていた。よりにもよって、前日、バスの横転事故に遭った体で、その車内に座らなくてはならなかった。

一軒の食堂の前でバスが停まった。時計を見ると午前二時だった。

「眠れないなぁ、このバス」

「揺れるし、寒いし……」

阿部カメラマンも眠れないようだった。

暗闇が広がっていた。道の両側には森が迫っていた。街灯はもちろん、家の光がひとつもない暗闇である。車のライトに照らしだされた褐色の道だけが見える。北アルプスの稜線に建つ山小屋のように食堂がぽつんとあるだけだった。

しかしここで数人の乗客が降りた。バッグを肩からさげ、暗闇のなかに吸い込まれるように消えていった。懐中電灯すらもっていなかった。彼らは道が見えるのだろうか。暗い森のなかに家があるのだろうか。

食堂の入口で家族連れの乗客が休んでいた。傍《かたわ》らに娘さんがうずくまっている。母親らしき女性が背中をさすっていた。バスに酔ってしまったようだった。人は曲がりくねった山道を進む車に乗ったときに酔うことが多い。しかしモーラミャインからの道は平坦である。カーブが多いわけではない。しかし揺れる。ときに大きな穴があるのか、車体が傾く。平坦な道で酔ってしまうほどの悪路だった。

その家族は結局、バスに戻らなかった。しばらく休み、次のバスにするのだろうか。乗り続けることを断念するほどの揺れ……。僕らはそのバスで南下を続けなければならなかった。

車内は相変わらず氷室《ひむろ》の底のように冷えていた。空席ができ、阿部カメラマンは後ろの席に移っていった。隣の席があき、体を横にする。体勢を動かす途中、つい、うッと声が出てしまうほどの痛みが背中に走る。腕に力を込め、そろそろと体を移動する。横になってしまえば、痛みはいっとき消えるのだが、バスが進みはじめると、細かい振動がきゅんきゅんと背中に響きはじめ、ときに車体が大きく傾くと、それを体が堪《こら》えようとして、また背中に痛みが走った。モーラミャインで乗ったときから流れていたミャンマー映画のビデオは消してくれたが、代わりに妙にアップテンポの音楽をかけはじめた。いったいこのバスの運転手たちはなにを考えているのだろうか。眠気覚ましということかもしれないが、僕ら乗客はただただ眠りたいのだ。

それでも朝方、うとうとと浅い眠りに落ちた。ダウェイに近づき、少し道がよくなったのかもしれなかった。

外がしだいに明るくなってくる。ふと、ここまで、検問が一回もなかったことに気が

早朝、ダウェイのバスターミナルに着いた。「もうバスは乗りたくない……」。バスを見ながら唇を噛む

ついた。揺れと背中の痛みにばかり気をとられていたが、僕らはダウェイまで辿り着くことができるのかもしれなかった。ダウェイ手前にチェックポイントがあるかもしれないが、ここまで来て、追い返されることはあるだろうか。ミャンマーという国は、厳しいようでいて、どこか詰めが甘いという東南アジア人らしさをもっていることも知っていた。

しかしそのとき、僕が渇望《かつぼう》していたものは、揺れのないベッドだった。低反発の心地よいベッドなどとぜいたくなことはいわない。ただ揺れなければよかった。一時に比べれば、振動は静かにはなっていたが、ときに大きく傾き、うッという呻き声をあげなくてはいけない道はまだ続いていた。

ダウェイのバスターミナルに着いたのは、朝の七時すぎだった。結局、検問はなにもなかった。この一帯はそこまで治安の安定度を満たしているのだろうか。

いや、そういうことではないかもしれない。朝日が射し込むバスターミナル脇の食堂で、温かいミルクティーと、タイではバートンコーという揚げパンをかじりながら、世界が変わったような感覚に包まれていた。気持ちのいい朝だった。ほとんど眠ることができないバスの一夜だったが、なんとかもち堪《こた》えた。そして振動がない椅子に腰かけている。食堂のおじさんが、熱いお茶をもってきてくれる。そのもの腰は、これまでのミャンマーとはなにかが違う。ミャンマーの人々も、皆、親切だ。政治は矛盾だらけだが、飯を食べ、お茶を飲み、ビールで乾杯する世界は心地いい。そんなミャンマーを、僕は気に入っている。しかしダウェイには、その感覚とも違うなにかが流れている。それがなになのか、寝不足の頭ではみつかりそうもなかったが、長く旅を続けていると、そんな勘だけは鋭くなる。

バスターミナルで知りあったバイクタクシーの青年の言葉を思いだしていた。

バスを降りたところが、バスの運転手やバイクタクシーのドライバーの詰め所のようになっていた。モーラミャインからバスでやってきた外国人が珍しかったのか、いろいろ教えてくれた。彼らの話では、ここから南に向かうバスにも外国人は乗ることができるという。

「ダウェイを朝に出発するバスに乗れば、メルギーに午後三時か四時には着く。夜中にメルギーを出発するバスがあるから、それに乗ってコータウン。コータウンには翌日の夕方には着くよ」

コータウンは、僕らがめざすミャンマー最南端の街だった。しかしまたしても夜中のバス……。僕は固まりそうになっていた。その表情から察したのか、彼らは別のバスの説明もしてくれた。

「ここからタイの国境まで四、五時間だよ。一日、何本かのバスがある。タイの金で整備したから、いい道さ」

彼らはモーラミャインからの道を知っているようだった。あのつらい振動がわかっていた。しかし、せっかくダウェイまで来た。タイ国境まで四、五時間という道……その道を通るということは、ショートカットをしてバンコクに戻ることになってしまう。できれば最南端までは行きたい。しかしその道はおそらく怖ろしいほどの振動が待っているはずだった。

「船もある」

バイクタクシーのドライバーがいった。

「船？」

「そう、船も外国人が乗ることができる。朝に発って、夕方にはコータウン」

「船か……」

「切符は市内の旅行会社のオフィスで買うことができるよ。船賃は四万チャット。俺のバイク、乗って、チケットを買いに行く?」

四万チャットは四千三百円ほどである。決して安くない。ミルクティーを飲みながら、僕は迷っていた。いや、すでに心は決まっていた。

「阿部さん、俺、もうミャンマーのバスはいいよ」

阿部カメラマンが、どう考えていたのかわからなかった。彼はあの事故でも、打ち身ひとつないようだった。昼間のバスに乗り、森のなかにつくられた道の写真を撮りたかったかもしれない。しかし優しい男だった。僕の背中を案じてくれたのだろうか。

「船にしましょう。このルートで、海を走る船ははじめてだから」

道の反対側にいたバイクタクシーの青年に合図を送った。

しかし話はそううまくは進まなかった。ここはミャンマーなのだ。バイクタクシーのドライバーは、ダウェイ市内にある船会社の代理店のような店に連れていってくれた。そこでわかったことは、船は毎日運航しているわけではないということだった。出航は二日後だったが、天候に左右され、いまの段階では、まだ切符も販売していなかった。外国人も乗ることはできたが、四万チャットという運賃はミャンマー人値段だった。外国人は七十ドルだった。

朝まだきの道を、バイクタクシーに乗ってダウェイ市内に向かう。船に乗れますように……。心で念じていた

ダウェイの市場でミャンマー葉巻が売られていた。1本2円ほど。天を仰ぎたくなるほど安い

バイクタクシーのドライバーは、もう一軒の代理店にも連れていってくれた。スケジュールや、まだ切符を売ることはできないという状況は同じだったが、運賃はなぜか六十ドルだった。

外国人価格を設定するのは、ミャンマーに限ったことではなかった。三十年ほど前までは、タイのホテルも二重価格だった。しかし、いまでもその制度を残しているのは社会主義系の国に多い。中国の場合は、兌換《だかん》券という外国人専用紙幣までつくるほどだった。しかし中国のそれは、外国人価格というより、兌換券を使うことができる店を限定することで、国民が外国人との接触をしないようにする手段として使われた要素が強かった。

ミャンマーも中国の指導を受けて兌換券を発行したことがあった。しかし流通しているチャット紙幣より、このほうが通貨として安全だという噂が立ち、外国人よりミャンマー人が買い集めるという事態が起きてしまった。当時は百チャット紙幣より、九十チャット紙幣のほうが運勢がいいと、占星術で流通する紙幣が変わるような時代だったから、外国人用紙幣のほうが安定している印象を受けたのだろう。当時は闇両替が、銀行レートの十倍、二十倍という金額だった。僕は六十倍という時代も知っている。まあ、めちゃくちゃだったのだ。

ロシアも二重価格制が残っていた。これは旅行業者がとるマージンが加算されての結果でもあるらしい。

ミャンマーはここにきて、一気に普通の国になってきた。ビザもそうだが、闇両替のうま味も減ってきた。外国人価格も、早晩なくなっていく気配があるが、ダウェイからコータウンまでの船は、まだ、あの時代のなかにいた。船会社の代理店によって、外国人価格が違うところが、ミャンマーらしくもあった。

二日間の船待ちを強いられてしまった。天候が悪くなれば、さらに一日、二日と待たなくてはいけないかもしれない。しかし翌朝のバスに乗る気力は湧いてこなかった。きっと二日後の天気はいいはず……。ダウェイの空を見あげていた。

ダウェイはそれほど大きな街ではなかった。雑貨や乾物、野菜が並ぶ市場があり、街の西側を流れる川沿いに魚市場があった。海は近かった。街をぷらぷら歩きながら、朝、この街のバスターミナルに着いたときの感覚をまた、思いだしていた。これまで訪ねたミャンマーの街とはなにかが違うのだ。

昼食をとろうと一軒の食堂に入った。メニューに英語があった。ヌードルスープを指さすと、店員の女性が、確認するように、「クイッティオ」といった。

「クイッティオ？」

タイ語だった。そばのことだ。店員は、僕らがタイ人だと思っているのかもしれなかった。タイとの国境が開き、工業団地もつくられつつあるという。タイ人がこの街にやってきても不思議はなかった。丼《どんぶり》が運ばれてきた。見た目はタイのクイッティオによく似ていた。ヤンゴンでよく食べられるモヒンガーというそばとは違う。隣のテーブルにいた男と目が合った。

「クイッティオ?」

「そう、クイッティオさ」

この街ではそばのことをクイッティオというようだった。タイ語なのだ。そばを啜ってみた。スープはタイのクイッティオと同じだった。

タイ――。

そうなのだ。この街はタイの地方都市によく似ていた。市場があり、その脇に乗り合いトラックが停まるターミナルがある。街の構造がそっくりだった。家のつくりもよく似ていた。……そうなのだ。なにかが違うという勘……。どこかほっとした印象をもったのは、この街に流れる空気から、タイを感じとっていたからなのかもしれなかった。

実はその予感は、三日前からあった。バスの横転事故に遭った日だった。山頂に近い現場から乗り合いタクシーで山をくだったのだが、パアンの街の手前で、ドライブインのような食堂に入った。ドライブインといってもミャンマーだから、入口に料理が並び、奥にテーブルのあるオープンエアの店である。肉を煮込んだような料理を指さした。僕はてっきり、それがご飯の上に載せられて出てくるものだと思っていた。

ダウェイのメインストリート。昼を過ぎると、多くの店が閉まってしまう。ヤンゴンの高騰する物価の風も届いていない

市場は魚介類で溢れていた。生きたものも多いが、干物系もこの充実ぶり。メルギー諸島の魚たちだ

ところが店員は、お盆に七、八種類の皿を載せて現れた。それをひとつ、ひとつテーブルに並べた。指さした料理はそのうちのひとつにすぎなかった。茹でた野菜、漬け物風の野菜、小エビを香辛料で炒めたふりかけ風料理……テーブルの上は、まるでソウルで食べる韓定食のようだった。

こんなスタイルの食事ははじめてだった。圧倒的な量の野菜がうれしかった。

これまでミャンマーを何回か訪ねているが、やはりヤンゴンやマンダレーなど、ビルマ族の街に滞在することが多い。出てくる料理は、たっぷりの油を入れて煮込んだものが多かった。お茶の葉を発酵させ、タマネギやピーナツ、小エビを入れたサラダにしても、多めの油で和《あ》えてあった。はじめはおいしいのだが、しだいにその油が応えてくる。胃に重いのだ。

しかしパアンに近い道沿いの食堂の料理は違った。さっぱりとした野菜料理が多かった。メインの料理は油を使っているが、その量は少なかった。七、八種類のおかずがついて、料金は二百円もしなかった。これがカレン族の料理なのかもしれなかった。その後、僕らはヤンゴンに向かったので、少し話はややこしくなってしまうが、ヤンゴンからアンダマン海に沿って南下していくと、パアンあたりで世界は変わるのだ。そしてさらに南下してダウェイまで辿り着くと、タイの影響を受けた文化圏に入っていく。やはりミャンマーは多民族国家だった。一日、バスに揺られるだけで、料理が変わり、街に

これがダウェイのクイッティオ。具がタイとはやや違うが、味はタイと同じ。料金は130円ほど

流れる空気が変わっていく。

一日、ゆっくりしたのだが、背中の具合は変わらなかった。ベッドに横になっていても、寝返りがつらい。身を起こすときも、まず体の向きを変え、手で支えてやっと……というありさまだった。阿部氏はかつてぎっくり腰を患《わずら》ったことがあったという。

「こうして見ていると、あの頃の僕みたいですよ。ベッドから身を起こすときが、とにかくつらい……」

はたして単なる打ち身なのだろうか。疑問をもちはじめてはいたが、それ以外の病名は思いつかない。いったん身を起こすと、歩くことはできるから、つい動いてしまう。しかし速く歩くことができない。そのとき、阿部カメラマンが撮った僕の動画を見ると、腰が曲がりはじめた老人のようにのろのろと歩いている。自然と背中をかばっていたのだろう。
翌日、船会社の代理店を訪ねた。もちろん六十ドルの店である。若い女性が座ってい
た。
「明日の船？　出ますよ」
あっさりと出航を告げられた。よかった。これでバスに乗ることなしにミャンマー最
南端のコータウンまで行くことができる。天候は安定しているようだった。
消去法で船を選んだが、船は得意ではなかった。揺れに弱いのだ。翌日に乗る船は、
代理店の壁に貼ってあるポスターから想像できた。沖縄の石垣島と西表島《いりおもて》や波照間《はてるま》島を
結ぶ船によく似ていた。高速船と呼ばれる船である。これまでも何回か、ひどい船酔い
を体験していた。博多から釜山《プサン》まで乗った船では、ずっとトイレにこもっていた。
ダウェイからコータウンまでの海は、メルギー諸島と呼ばれる小さな島々が浮かぶ多
島海である。揺れは少ないかもしれない……などと期待を抱いてみる。しかし海なのだ。
代理店の椅子に座り、静かな海を思い描く。切符ができたようだった。
「じゃあ、明日の午前二時に、このオフィスの前にきてください」
「はッ？」
「港まで行く連絡バスがきますから」
「午前二時？」

「ええ、ここから港までは二時間ほどかかりますから」

「二時間？」

あの悪路を進むバスに二時間も揺られるのだ。一気に落ち込んでしまった。背中の痛みが少ないだろうと船を選んだのだ。しかしその船に乗るために、二時間もバスに揺られなくてはならない。それも午前二時発だという。またしても睡眠時間を削るバスの旅である。ミャンマーは、どこまでいっても、ひと筋縄ではいかなかった。

「これがバスッ？」

午前二時すぎ、オフィスの前に姿を見せた車を見あげながら、つい呟いてしまった。それは大型トラック、ダンプだったのだ。しかし、ここまできて乗らないわけにもいかない。もう諦《あきら》めるしかなかった。荷物を先に載せ、とっ手につかまってよじのぼる。荷台の両サイドに長椅子のように板が渡されていた。これが椅子だった。中央には台が間を埋めるように置かれていた。荷物でも載せるのかと思ったが、次々に乗り込んでくる客がそこに座った。

「これで二時間か……」

普通の状態なら、少し我慢するか……といった距離だったが、背中を患っていた。バス、いやダンプはほどなくして出発した。市内を抜けると、車体は大きく揺れはじめた。

通常の座席と違い、進行方向と体が平行になった状態で座っている。振動が響く筋肉が違った。天井に梁《はり》のように渡された鉄棒を両手で握りしめる。振動に襲われるたびに、腕に力を込め、ショックを和らげていた。しかし衝撃は突然、ガツンと車体を揺るがす。そのたびに、背中に痛みが走り、顔をしかめなくてはならなかった。

二軒の食堂が並んだだけの港に着いたのは、午前四時少し前だった。船は桟橋に横づけされていた。午前四時半、船は暗いダウェイ港を出航した。

どれほど眠っただろうか。船内はすべて椅子席だった。乗客は半分ほどだった。出航したとき、僧の訓話ビデオがモニターから流れていた。それを耳にしているうちに、眠ってしまった。寒さで目が覚めた。どうしてミャンマーの乗り物はこれほど冷房をきつくするのだろうか。ひと昔前のタイもそうだった。人々の暮らしが少しずつ豊かになっていく頃だった。長距離バスは、それがサービスであるかのように車内を冷やした。冷房というものが、まだ限られた世界にしかなかった時代だった。この船内の寒さは、豊かさへの序章なのかもしれなかった。

窓から外を見ると、海が明るくなりはじめていた。階上の甲板に出てみた。波は穏やかだった。そういえば、椅子に体を横たえて寝ていたとき、背中の痛みに身を固くすることはなかった。今日は波の少ない一日になる予感がした。これなら船に酔うこともなさそうだった。

午前2時、このダンプがやってきた。これはどこから見てもダンプでしょ。車内の様子は下の写真で

車内というか、荷台ですが。これに揺られて2時間。当然、悪路。背中は痛い。旅を憂えたくもなる

メルギーの港に着いたのは八時頃だった。桟橋には数十人の乗客が集まっていた。周囲に大きな船はなかったが、近くの村を結ぶのか小さな船がぎっしりと停泊している。学生たちを乗せた船も港のなかを横切っていく。朝の港はなかなかの活気だった。二十分ほど港に寄り、船は桟橋を離れた。小さな島が船の左右に続いている。メルギー諸島は、二百ほどの島があるというが、それよりはるかに多い島々が点在する海域に思えてくる。船はその島の間を、左に右にと舵を切り、縫うように南へ、南へと進んでいく。海は静かだった。揺れというものがほとんどない。寒い船内を避け、甲板にいる時間が多くなった。太陽が高くなり、その光が海のなかに届くようになっていく。刻々と海は青さを増していった。

うっとりするような眺めだった。この船がコータウンに着き、そしてタイに入国すればバンコクはそう遠くない。旅もそろそろ終わりだった。洪水をなんとかすり抜けてカンボジアを横断し、ベトナムの夜行バスに揺られラオスに入った。メコン川の支流では雨と寒さに震え、ミャンマーのチャイントンでは追い返され、再び入国したミャンマーではバスの横転事故に遭ってしまった。こうしてふり返ると、トラブル続きの旅だったが、最後に旅の神が微笑んでくれたような気がした。明るい太陽と、穏やかな翡翠色《ひすいいろ》の海は、なによりの贈り物である。

ダウェイからコータウンまで、ほぼ一日走る船は、メルギー諸島のバスの役割も担っ

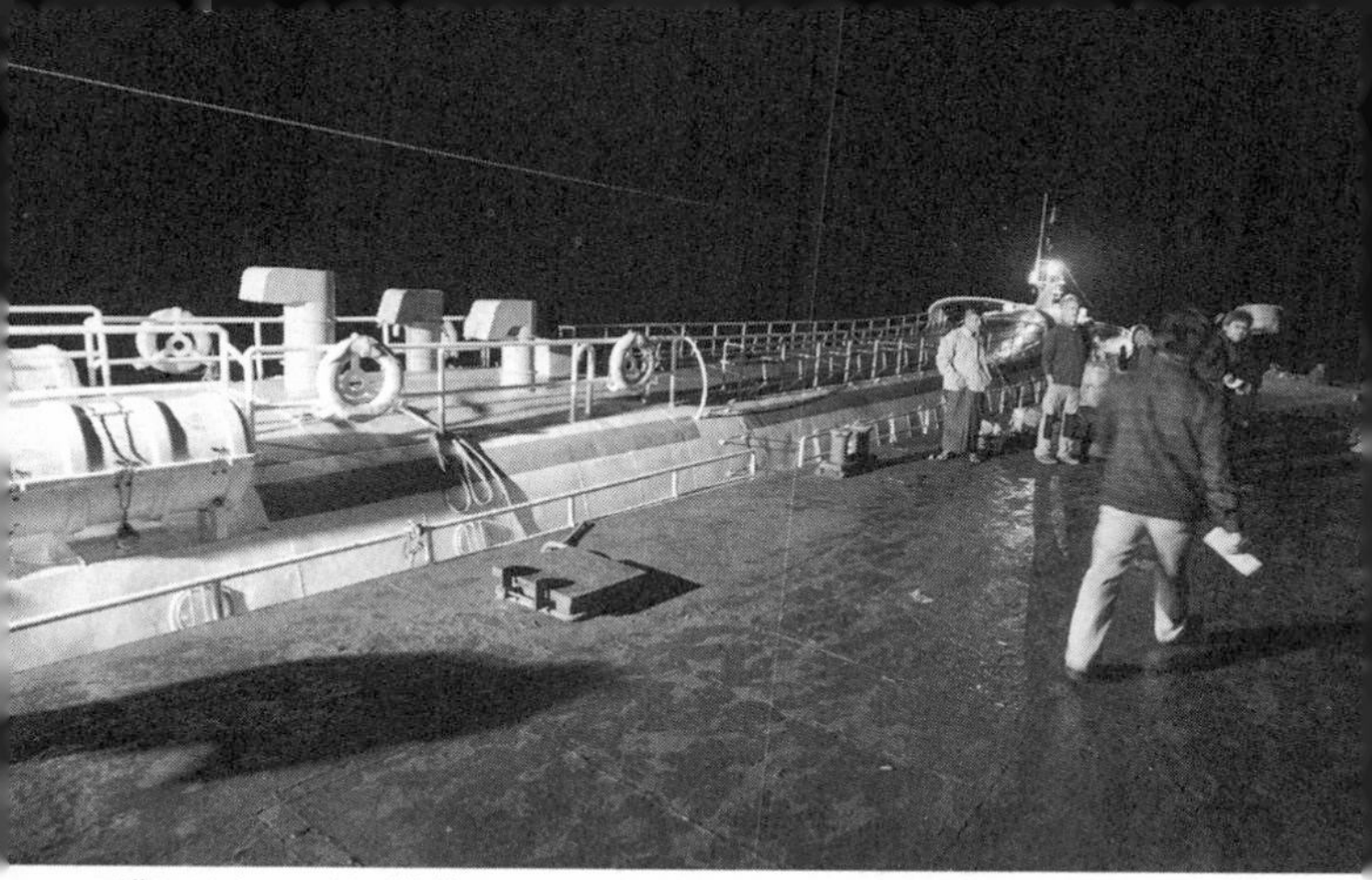

港にはすでに船が停泊していた。桟橋が高く、階段を降りて船に乗り込む。あたりはまだ暗い

船内に射し込む朝日で目が覚めた。急いで海を見る。穏やかだ。大丈夫だ。確認して、また眠ってしまった

ていた。波ひとつない海で、船がスピードを落とすと、近づいてくる小船が見えた。島と船を結ぶ連絡船だった。僕らが乗る船から、二、三人の客が乗り移り、小船は島に向かってとことこと戻っていく。女性がさす日傘が透明度の高い海に揺れている。

島の平地は少ないようで、浜に沿って高床式の家がぎっしりと建っている。ここがミャンマーでなかったら、とうの昔に、ビーチリゾートが建ち並ぶ島になっていただろう。翡翠色の海に、世界からやってくる観光客は目を輝かせていたはずだ。そういえば、メルギー諸島は、ミャンマーの真珠と呼ばれているのだという。太陽の光をきらきらと反射する海を眺めていると、「真珠」と名づけられた理由がわかるような気になる。

午後になり、のんびりと海に浮かぶ漁船が増えてきた。どの船も漁をしている気配はなく、昼寝でもしているかのように、ただ静かな海に浮かんでいる。ミャンマーのもつれた国情など、なにひとつ知らないかのような風が海を渡っていく。

コータウンに着いたのは午後の四時だった。

急いでイミグレーションに向かう。ここからタイのラノーンまで、さらに船に乗らなくてはならなかった。コータウンに泊まってもよかったのだが、ここまできたら、ミャンマーを出国し、タイに入国してしまいたかった。ラノーンまでは船で二十分ほどだったが、その船が何時まで運航しているのかわからなかった。

コータウンは、日帰りに限り、ビザをとらずに、タイ側から訪ねることができる街だ

コータウン行きの船内は椅子席のみ。一見、穏やかそうに見えるが、これが冷房ですごく寒い。甲板が避寒エリアだった

船はメルギーに着いた。桟橋にはこれだけの人。市場や学校に向かう人々だ。１泊してみたい港だった

った。そんな人たちがイミグレーションに列をつくっていた。僕らもその列につく。順番がまわってきた。職員がぱらぱらとページをめくっている。

「どこからきました」

「ダウェイ」

「ダウェイ……。あそこからやってくる外国人はめったにいないから」

職員は上司なのか、後ろにいた男と相談をはじめた。なにか問題があるのだろうか。ローカルな六つの国境を通過してきた。不安はあったが、なんとか問題なくスタンプを捺してもらってきた。これが最後の国境になる。ここで追い返される……さまざまな可能性を想定してみる。思いつかない。とくに問題はないはずだ。滞在期間も十分に残っている。

「コピーをとってきてください」

パスポートを返された。なぜコピーが必要なのかはわからなかったが、従うしかない。コータウンの街に出た。これまで訪ねたミャンマーの街とは違う顔をしていた。港から続く斜面には黄金色のパゴダが見えたが、街のなかで存在感を放っていたのはモスクだった。礼拝を呼びかけるアザーンも聞こえてくる。イスラム教徒たちはいま、モスクに向かっているのだろうか。コータウンはミャンマーとタイが入れ替わりで支配してきた街だった。植民地時代、マラッカから北上してきたイギリス軍は、ここからミャンマ

コータウンが見えてきた。やっとここまで辿り着いた。トラブル続きの旅だったが……

歴史が刻まれたコータウンの街。ミャンマーともタイともマレーシアともいえない街並みが続いていた

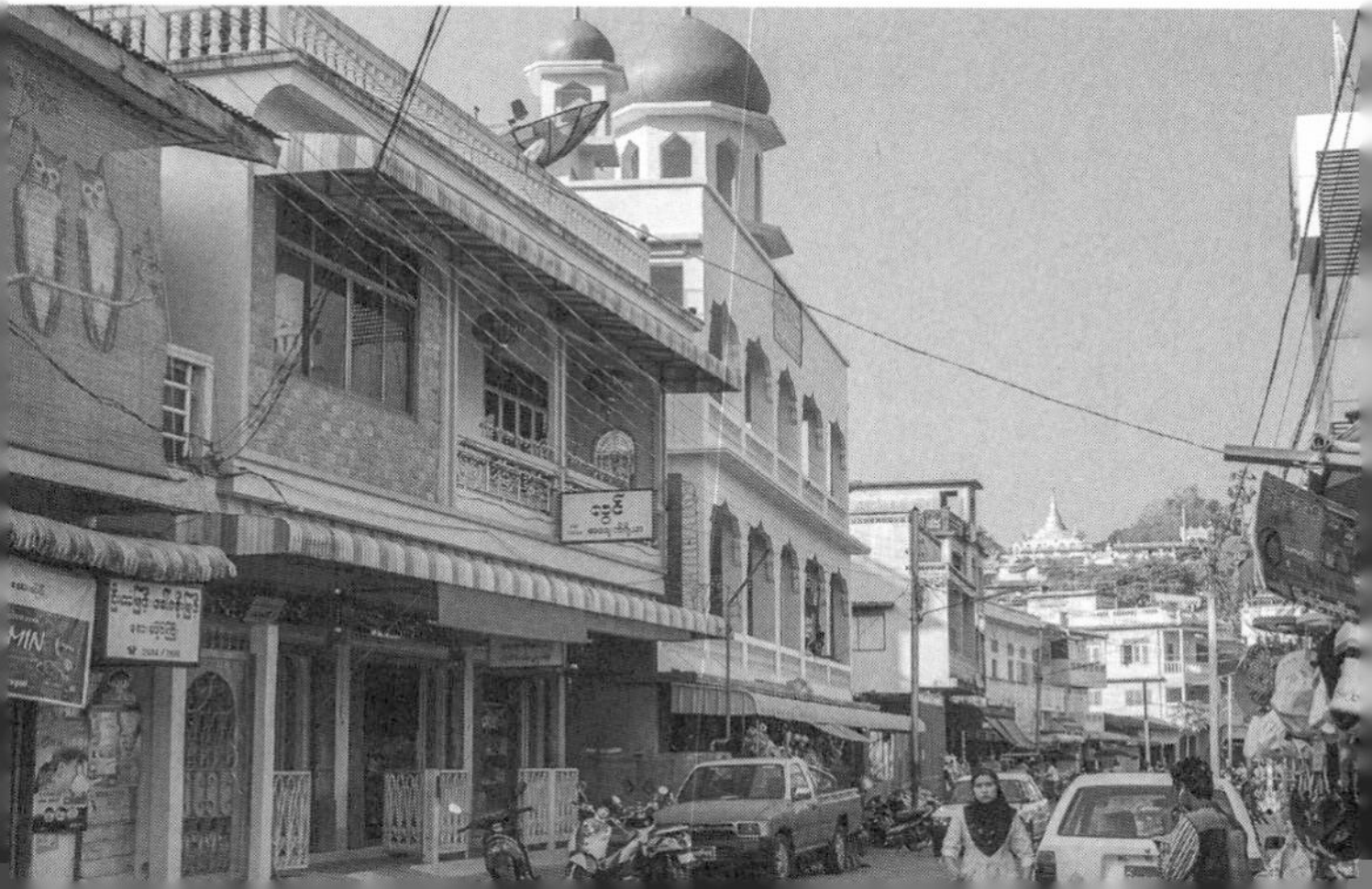

ーに分け入っていった。並ぶ建物は、どこか南洋風で、シンガポールを思わせる。コピーを渡すと、簡単に出国の許可が出た。タイのラノーンに向かうボートは、その日最後の客を乗せて、エンジンを噴かせた。

ラノーンは温泉の街だった。タイのイミグレーションは、魚市場の脇にあったが、そこに立っていると、どこからともなくイオウのにおいが漂ってきた。

翌朝、温泉に向かった。肋骨が折れていたのだから、温泉に浸《つ》かっても、そう簡単に痛みが引くわけではなかったが、本人は打ち身だと思っているのだから、やはり温泉だった。

宿を出て眺めると、湯煙がたち昇っている場所が見えた。そこをめざしたのだが、なかなか辿り着くことができない。花屋のおばさんに訊くと、そこまで送ってくれるという。着いたのは、ラクサワーリン温泉だった。市が運営する温泉公園のようになっていて、園内に浴槽が点在している。どれも屋外で、皆、水着姿で浸っている。入浴料は無料だった。水着をもっていないので、パンツ姿になって湯に浸る。谷あいにつくられた温泉公園だった。肌の感覚からすると、単純泉のように思えるが、仄《ほの》かにイオウのにおいもする。湯に浸かり、周囲の緑を眺めると、日本の露天風呂気分である。これできっと、打ち身も治っていく……。旅の終わりのぜいたくと、ひとり悦に入っていた。

その日の夕方に発つ夜行バスでバンコクに向かった。早朝に着いたのは、バンコク郊外にある南バスターミナルだった。

旅は終わった。

ホテルに荷物を置き、バンコク病院に出向いた。昔から何回かお世話になった病院である。アフガニスタンでアメーバ赤痢《せきり》に罹《かか》ったときも、最後にはこの病院で診てもらった。

簡単なチェックがあり、X線写真を撮ってもらった。三十代のタイ人医師だった。パソコンに送られてきたX線写真を見ながら、医師は口を開いた。

「折れてますね」

「骨折？」

「そう。第九肋骨と第十肋骨の二本が……ほら」

パソコンの画面を見せてくれた。たしかに骨がつながっていない。

肋骨が折れていたのか。

背中の打ち身などではなかったのだ。

診断書を書いてもらうために、待合室で座っていた。すると件《くだん》の医師が診察室から出てきた。僕の傍に立った。

「もう少し、よく見たら、もう一本、折れてました」

「三本折れてたってことですか」

「そう」

肋骨を骨折した場合、これといった治療法はなかった。痛み止めの薬を飲むだけである。

帰国してからも背中の痛みは消えなかった。痛み止めを飲む日々が続いた。そうこうしているうちに、六十歳の誕生日を迎えてしまった。もう還暦である。この年になると、骨がつながるのにも、時間がかかるらしい。

コラム　クーデターが十年前に戻してしまった国境事情

本来、このコラムは、通った国境の現状を伝えるべきものだと思う。つまりミャンマーとその近隣国との国境がどうなっているのか……。しかしそういった旅の話は、すべて吹き飛んでしまう事態が起きてしまった。

新型コロナウイルスの感染が広がったためでもなかった。ミャンマーで国軍のクーデターが起き、国境どころの問題ではなくなってしまったのだ。

二〇二〇年の十一月、ミャンマーで総選挙が行われた。アウンサンスーチーが率いるＮＬＤ（国民民主連盟）は、圧倒的な勝利を収めた。これに対して、国軍は選挙に不正があったと主張する。国軍は選挙結果の調査や連邦議会開会の延期などを要求する。しかし国民の支持を得たことに自信をもったＮＬＤや政府は、その要求に応じなかった。そこで国軍はクーデターに舵を切る。

「クーデターを起こすほどの対立なのか」という意見はあった。しかしその後の国軍の動きをみると、ミャンマーの政治からＮＬＤを排除したいという思惑がみてとれる。

これに対して、市民はデモという抗議行動に出ていく。

ミャンマー国軍は、これまでも何回か民主化運動を力で抑え込んできた。彼らはソフトに対応していく手段を知らない。国軍がクーデターに抗議するデモ隊に銃口を向けるまで、それほど時間はかからなかった。

民政化に移行してから十年——。ミャンマーは劇的に変わった。それは本文のなかでも触れている。急激に物価はあがっていったが、それまでの軍事政権下で抑えつけられていた制約がはずれ、人々は生き生きとした表情をみせるようになった。

急速にミャンマー社会が変わっていった。街並みも変わった。老朽化したビルがとり壊され、冷房がしっかりと効いたショッピングモールが次々にオープンしていった。

ミャンマーの軍事政権は五十年以上続いた。経済は停滞していた。アジアのなかでも最も貧しいグループに入っていた。そんな遅れを一気にとり戻すような勢いだった。

本書が紹介する国境もそうだった。国境に閉ざしていた重い扉が開いていった。本書はそんな動きのなかで生まれたものでもあった。

本書が最初に出版された後も、ミャンマーと近隣国との国境に動きがあった。画期的だったのは、ミャンマーからインドのインパールに抜ける国境が、外国人でも越境できるようになったことだ。今回は、タイからヤンゴンに入り、そこから南下していった。しかしヤンゴンからミャンマー北西部に向かい、インドのインパールに抜ければ、その先には、バングラデシュ、パキスタン、イランなどへの道が通じていた。

実際、「次回はそのルートってことでしょうか」と出版社との話も進んでいた。

しかし状況は、一気に十年前に戻ってしまった。

クーデターが起こる前、ミャンマーも新型コロナウイルス感染症に悩んでいた。水際対策として陸路国境は閉鎖されていた。しかしコロナ禍が落ち着いていけば、もとの通り、国境は通過できるようになるはずだった。

クーデターは別次元の話だ。ミャンマーの辺境には、多くの少数民族がいる。そのなかには、ミャンマー国軍に反旗を翻す民族もいる。そこでの戦闘が続けば、なかなか国境に近づけないことになってしまう。

ミャンマーの国境は、軍事政権時代のように、森のなかに消えていくような不安すらある。

新潮文庫版あとがき

本書を読み進めながら、ひとつの疑問を抱いた方は多いかもしれない。

「国境を通過できるかどうか、どうして事前にわからないの？」

その通りだと思う。僕らはさまざまな方法で、最新の海外情報を得ることができる。ガイドブックやインターネットで検索もできる。しかし調べてみればわかることだが、国境情報は意外に少ない。ブログや国境情報のサイトはあるが、確実性に欠ける。最新情報というわけでもない。

「国がつくる公式ホームページがあるんじゃないですか」

僕もそう思った。すべてのホームページをチェックしたわけではないが、そこにも国境情報は載っていない。

一度、大使館に確認したこともあった。そのときは、カンボジアのプノンペンからメコン川を遡り、陸路でラオスに抜けようとしていた。訊《き》いたのは、ベトナムのホーチミンシティーにあるカンボジア領事館だった。カンボジアのビザをとりにいったとき、係官に確認しようとした。すると、気が抜けるようなこんな言葉が返ってきた。

「行ってみないとわかりません。ラオスが入国させてくれるかという問題もあります。周辺は治安がよくないので、近づくことはすすめられませんが……」

いい加減な話だと思った。行ってみないとわからない？　一国の領事館員がそんなことをいっていいのだろうか。東南アジア気質は、こんなところにも顔をのぞかせる……そう思ったものだった。

カンボジア領事館を出、ホーチミンシティーの歩道を歩きながら、「はッ」とした。そういうことなのだ。

出向いたのは、カンボジア領事館だった。カンボジアとラオスは別の国である。ラオスが入国させてくれるか、どうか……カンボジア政府の職員にはわからないことだった。

国境とはそういうものだった。僕は日本という島国に育った。国境の状況に疎《うと》いひとりの旅行者にすぎなかった。

国境を通過できるか、どうか。それは一国の問題ではなかった。ひとつの国の公式ホームページに掲載できる性格の情報ではないのだ。

国境というものが好きだった。オタクといってもいいかもしれない。しかし考えてみれば、そのときは、陸路でつながった国境というものを知らない、思いあがった日本人にすぎなかった気がする。どうしてたしかな情報が手に入らないのかと文句を並べ、それを東南アジアの人々の杜撰《ずさん》さに押しつけようとしていた。国境というものは、それほど甘いものではなかった。ふたつの国の策動がせめぎ合う境界でもあった。

カンボジア領事館の係官にしたら、「国境は通過できるのか」と訊《たず》ねてくる日本人は鬱陶《うっとう》しい存在だったに違いない。カンボジア人らしい笑顔をつくって、「行ってみなければわからない」といいながら、内心では、「だから国境というものを知らない日本人は困るんだよ」と思っていた気がする。こういう面倒な旅行者に対して、カンボジアとラオスが協力して国境情報を公開するわけがなかった。

それ以来、国境についての公式な情報を探すことを止《や》めた。

現地の人に訊くという手法も東南アジアでは難しかった。東南アジアの国境は、さまざまな経緯のなかで引かれた。そこには植民地時代が暗い影を落としていた。支配欲と営利に裏打ちされた権力の産物であることが多い。周辺に住む人々の思いは無視された。その結果、国境の向こう側に親戚が暮らすといったことがあたり前になっていた。こういう場では、東南アジアの融通が利《き》きすぎる気質がいかんなく発揮された。

「一応、国交はないけど、親戚の家に遊びにいくぐらいいいんじゃない?」

かくして、地元の人々は、踏み切りの遮断機のように下ろされたバーをひょいとあげ、越境してしまうのである。

しかしその後ろについて、僕が越境しようとすると、国境警備の兵士が立ちはだかるのである。だから、地元の人の、

「あの国境？　簡単に越えられるよ」

という言葉には、眉《まゆ》に唾《つば》をつけて聞かなくてはならなかった。国境には地元の人々向けと国際的なものの二種類がある。

わかってもらえるだろうか。陸路の国境を越えていくということは、たしかな情報がないなかで進んでいくことだった。そのときの政情にも左右された。今回は、多くの人が通過する国境を避け、最近になって通ることが可能になったらしい「裏国境」、つまりマイナーな国境の突破をめざした。常に不安のなかの旅だったのだ。

これまでさまざまな国境を越えてきた。越境できるらしい……。そんな話を信じて国境まで向かい、まるで壁に打たれたテニスボールのように追い返されたことも何回もあった。以前にまとめた、『世界最悪の鉄道旅行　ユーラシア横断2万キロ』の旅もそうだった。ロシアのアストラハンからアゼルバイジャンのバクーまで行く予定だった。ロシアはビザにうるさい国である。列車の切符も事前に旅行会社を通して申し込む。列車に乗ることができたということは、ある意味、ロシア政府のお墨付きをもらったようなものだったが、出国するポイントで止められた。出国が許されなかったのだ。僕はアストラハンに戻るしかなかった。

国境というものはあたり前の話だが、その国の隅にある。そこで出国を拒否されると、手前の街まで再び長い旅が待っている。ロシアの出国を拒まれたときも、六百キロ以上の距離を列車で戻らなくてはいけなかった。

国境――。そこにはいつも不安がつきまとっていた。トラウマにもなっていた。そのなかで、今回、いくつかの国境を越えていったわけだ。

だから粋《いき》がっていうわけではないが、ひとつの国を出国し、次の国のイミグレーションまで歩く時間が好きだった。不安が完全に消えたわけではなかったが、出国を許された場合は、次の国の入国スタンプが捺《お》される可能性が高いことを経験的に知っていた。気持ちが少し軽くなっているのだ。

出国ポイントから入国ポイントまで、今回はさまざまな乗り物に乗った。もちろん徒歩もあった。

カンボジアからベトナム、そしてミャンマーからタイの間は船だった。前者はメコン川を走り、後者は国境の海を越えた。ベトナムからラオスまではバスで移動した。タイからミャンマーへの越境は、橋を渡った。森のなかの道を歩いて次の国のイミグレーションまで向かったのは、タイからカンボジアとラオスからタイへの道だった。

いまでもラオスからタイへの道は鮮明に蘇《よみがえ》ってくる。今回の国境越えのなかで、もっとも不安を抱えたルートだった。このポイントを越えた情報はあまりに少なかったのだ。

神に祈るような心境で、ラオスのイミグレーションにパスポートを出した。しばらくの時間がすぎた。

「トン」

パスポートに出国スタンプが捺された音がいまでも耳の奥に残っている。あれはいい音だった。

そこからタイのイミグレーションに向けて坂道をのぼりはじめた。朝の日射しが周囲の森を映しだしていた。澄んだ空気が心地よかった。結局、その道は一キロほど続いた。そして僕は問題なく、タイに入国することができた。国境を越える旅がしみ込んでくる時間でもあった。

この旅で歩いた国々は、僕にとったら馴染《なじ》みの深い国ばかりだった。

「下川さんのフィールドみたいなところでしょ。大丈夫ですよ」

と背中を押されて国境を越える旅に出たのだが、今回もしっかりとトラブルに巻き込まれてしまった。

ラオスでは冷たい雨に打たれて川をくだった。足は痺《しび》れ、船着き場の石段をあがることもできなかった。ミャンマーのチャイントンでは、その先の陸路旅を阻《はば》まれ、山越えの道でバスの横転事故に遭い、肋骨《ろっこつ》を三本折ってしまった。

この旅は、カメラマンの阿部稔哉《としや》氏とのふたり旅だった。口絵や本文中の写真を撮ってもらった。長い旅には、いつもつきあってもらっているが、今回はバスの横転事故にもつきあわせてしまった。もっとも彼は、反射神経が優れているのか、身のこなしが若いのか、かすり傷ひとつ負わなかった。横転直後にもシャッターを切り続けるカメラマン魂には、改めて頭が下がった。

料金の日本円への換算は、当時のレートのままにした。

出版にあたり、新潮社の庄司一郎氏のお世話になった。

二〇一五年二月

下川裕治

朝日文庫版あとがき

東南アジアの陸路国境を越え、ひとつの国から隣の国へ……そんな旅は、振り出しに戻ってしまうのだろうか。

新型コロナウイルスとミャンマーの政変は、アジアの国境事情を大きく変えてしまうのだろうか。

これから国境では、日本のパスポートと一緒にワクチンパスポートを提示することになるかもしれない。

国境というものが、感染症の拡大とこんなにも密接にかかわっているものだとは思わなかった。僕がこれまで旅をしてきた時期、たまたま大規模な感染症が発生しなかっただけのことだ。僕は旅人としたら、幸運な時代を生きてきたのかもしれない。

幸せな旅人……。そんなことを最近、考えてしまう。コロナ禍で海外旅行に出ることが難しいなかで、航空会社や旅行会社が疑似海外旅行を行っている。飛行機に乗り、機内食を食べ、自国の周辺をぐるっとまわって同じ空港に戻ってくるツアーだ。なかなか活況なのだという。

これの国境旅版ができる？

「森に囲まれた一本道があるわけです。そこを次の国のイミグレーションに向けて歩いていく。パスポートに入国スタンプを捺してくれるだろうか、なんて考えながら」

旅仲間との会話である。

「でも、それって、周りから見たら、ただ歩いてるだけでしょ。機内食を食べるとか、飛行機に乗るっていったイベント性がないと……」

たしかにそうだと思う。陸路国境を越えていく旅というものは、一般の旅とはずいぶん違う。ひとつの国境を越えたら、ご褒美が待っているわけではない。考えてみれば、国境を通っていくことを目的にしたツアーなど聞いたことがない。

マイナーな旅？

ストイックな旅？

周りからはそう見えてしまうのかもしれない。しかし、イミグレーションで出国スタンプを捺してもらい、次の国への国境道をぽつぽつ歩く僕は幸せだった。いまにして思えばの話なのだが。

僕の旅は、目的があってないようなところがある。どこへいっても自由なのだが、本を書くという目的のために、旅のコースを決めていかなくてはならない。しかし実際は、目の前で起きるさまざまなできごとにふりまわされ、ぎくしゃくとした旅が進んでいく。しかし国境だけは違う。事前に情報を集め、近隣国の政治状況をチェックし、そして最後は運を天に任せて、イミグレーションに向かう。そこにはちっぽけだが、旅の達成感が入り込んでくる。そこには目的がある旅をしているという安堵もある。

その感覚を味わっていただけたら……。そんなことを考えている。

出版にあたり、朝日新聞出版の大原智子さんのお世話になった。

下川裕治

二〇二一年六月

「裏国境《うらこっきょう》」突破《とっぱ》 東南《とうなん》アジア一周大作戦《いっしゅうだいさくせん》 朝日文庫

2021年7月30日 第1刷発行

著 者 下《しも》川《かわ》裕《ゆう》治《じ》

発行者 三宮博信
発行所 朝日新聞出版
〒104-8011 東京都中央区築地5-3-2
電話 03-5541-8832(編集)
03-5540-7793(販売)
印刷製本 大日本印刷株式会社

Published in Japan by Asahi Shimbun Publications Inc.

ISBN978-4-02-262051-4

朝日文庫

週末アジアでちょっと幸せ
下川　裕治／写真・中田　浩資

週末バンコクでちょっと脱力
下川　裕治／写真・阿部　稔哉

週末台湾でちょっと一息
下川　裕治／写真・阿部　稔哉

週末ベトナムでちょっと一服
下川　裕治／写真・阿部　稔哉

週末沖縄でちょっとゆるり
下川　裕治／写真・阿部　稔哉

週末香港・マカオでちょっとエキゾチック
下川　裕治／写真・阿部　稔哉

ベトナムから中国へ国境を歩いて越える。マラッカ海峡で夕日を見ながらビールを飲む。週末、とろけるような旅の時間が待っている。

金曜日の仕事を終えたら最終便でバンコクへ。朝の屋台、川沿いで飲むビール、早朝マラソン大会。心も体も癒やされる、ゆるくてディープな週末旅。

地元の料理店でご飯とスープを自分でよそって、夜市でライスカレーを頰ばる。そして、やっぱりビール。下川ワールドの週末台湾へようこそ。

バイクの波を眺めながら路上の屋台コーヒーを啜り、バゲットやムール貝から漂うフランスの香りを味わう。ゆるくて深い週末ベトナム。

アジアが潜む沖縄そば、マイペースなおばぁ、突っ込みどころ満載の看板……日本なのになんだかゆるい沖縄で、甘い香りの風に吹かれる週末旅。

茶餐廳の変な料理や重慶大廈の異空間。大粒の雨のなか涙する香港人とカジノ景気を利用するマカオ人。九〇年代に返還された二つの街を見つめる。

朝日文庫

週末ソウルでちょっとほっこり
下川 裕治／写真・阿部 稔哉
日本との共通点は多いが、言葉で苦労する国。ハングルメニューの注文のコツを覚え、韓国人とともに飲み、Kポップの世界に一歩踏み込む。

週末シンガポール・マレーシアでちょっと南国気分
下川 裕治／写真・阿部 稔哉
物価高の街をシンガポールっ子流節約術で泳ぎ抜く。ジョホール海峡を越えるとアジアのスイッチが入り……待ち構えていたのはイスラムの掟!?

週末ちょっとディープなタイ旅
下川 裕治／写真・阿部 稔哉
日本人大好きタイ料理はタイ中華？ ガイド本では紹介されない裏の乗物が市民の足。気まぐれタイ鉄道でラオスへ……音のない村に迷い込む。

週末ちょっとディープなベトナム旅
下川 裕治／写真・阿部 稔哉
好景気のエネルギーが路上に弾ける、元気なベトナムはいまが旬？ さらに、国境を越えてカンボジアの村と森へも。

僕はLCCでこんなふうに旅をする
下川 裕治
安い！ けど、つらいLCC。二度と乗らないと決意したのに……気づけばまたLCCで空の上。なぜ安い？ イマドキ事情とは？ 落とし穴も！

12万円で世界を歩く
下川 裕治
赤道直下、ヒマラヤ、カリブ海……。パック旅行では体験できない貧乏旅行報告に、コースガイド新情報を付した決定版。一部カラー。

朝日文庫

下川　裕治／写真・阿部　稔哉
12万円で世界を歩くリターンズ
赤道・ヒマラヤ・アメリカ・バングラデシュ編

赤道越え、ヒマラヤトレッキング、バスでアメリカ一周……八〇年代に『12万円で世界を歩く』で鮮烈デビューした著者が同じルートに再び挑戦。

下川　裕治／写真・阿部　稔哉
12万円で世界を歩くリターンズ
タイ・北極圏・長江・サハリン編

今度はタイと隣国の国境をめぐり、北極圏をめざし、長江を遡る旅へ。さらに、「12万円でサハリンに暮らす」ことにも挑む。

下川　裕治
世界最悪の鉄道旅行
ユーラシア大陸横断２万キロ

時速三五キロの遅すぎる列車に始まり、ダフ屋切符で中国横断、列車爆破テロやら予約列車消失やら。シベリアからポルトガルまでのボロボロ旅。

下川　裕治
５万４千円でアジア大横断

日本橋からトルコまで、アジアハイウェイをバスでひた走る。遅い、狭い、揺れる、故障するの四重苦⁉　二七日間のボロボロ旅。

週刊朝日編集部
司馬遼太郎の街道Ｉ
東京編

二五年にわたり国内外を旅した『街道をゆく』。週刊朝日連載をもとに、そのエッセンス、旅の楽しみ方を地域別に編纂。赤坂、本郷、横浜など収録。

ジョン・クラカワー著／森　雄二訳
エヴェレストより高い山
登山をめぐる12の話

アウトロー登山家や命知らずの飛行機乗りなど、クライマーたちの奇特な生態をユーモアたっぷりに描いた名作登山エッセイ。《解説・角幡唯介》